杨峰·主编

董玉文·著

澄澈秀色运长波

小清河

山东城市出版传媒集团·济南出版社

U0606697

序

XU

讲好济南故事是我们的使命

看到济南出版社重磅推出的"济南故事"系列丛书，无论是作为济南城市的建设者，还是作为在这座历史文化名城工作与生活了数十载的济南市民，我都深感高兴与自豪。

伴随着这座历史文化名城发展变迁的足音，感受着这座时代新城前行律动的脉搏，我们会感到脚下的大地熟悉而又陌生。当时光列车驶入21世纪第三个10年的历史关口，济南的明天将会怎样，想必是每一位济南人都迫切需要了解的。要知道济南向何处去，首先要回答济南从哪里来。只有了解济南的昨天，才能知道济南的明天。了解济南故事，讲好济南故事，让更多的济南人热爱济南，让更多的外地人了解济南，使之成为建设美丽济南的磅礴动力，是我们义不容辞的使命。那么，了解济南故事，从阅读这套丛书开始，应该是个不错的选择。

济南是一座传统与现代相互融合的城市。一方面，济南地理位置得天独厚，南依泰山，北临黄河，扼南北要道，北上可达京师，南下可抵江南。济南融山、泉、湖、河、城于一体，风景绮丽，秀甲一方。她群山逶迤，众泉喷涌，城中垂杨依依，荷影点点，既有北方山川之雄奇壮阔，又有江南山水之清灵潇洒，兼具南北风物之长。作为齐鲁文化中心，她历史悠久，文脉极盛，建城两千多年以来，文人墨客、名士先贤驻足于此，歌咏于此，留下无数美好的诗篇。近代开埠以来，引商贾、办工厂、兴教育，得风气之先，领一时风骚。这些都是济南的老故事。

另一方面，作为山东省政治中心、经济中心、文化中心，当前的济南正面临新旧动能转换起步区、中国（山东）自由贸易试验区济南片区、黄河流域生态保护和高质量发展三大国家战略叠加的重大机遇，正对标习近平总书记

"走在前列、全面开创"的目标要求，阔步从"大明湖时代"迈向"黄河时代"。今日之济南，围绕"打造四个中心"，建设"大强美富通"现代化省会城市，努力争创国家中心城市，统筹谋篇布局经济社会发展，大力发展大数据与新一代信息技术、智能制造与高端装备、量子科技、生物制药、医疗康养等十大千亿级产业集群，加快产业转型升级，一大批重大工程、重大项目落地投产，城市发展充满了无限生机。同时大力推进城市建设管理更新，中央商务区勃然起势，"高快一体"快速路网飞速建成，城市容颜焕新蝶变，城市品质赋能升级，城市文明崇德向善，生活在这座城市里的人们，有着以往从未有过的获得感、幸福感和安全感。现在的济南又趁势而上，加快实施公共卫生应急管理、营商环境优化、双招双引、项目建设、科技创新、城市品质提升、扩大对外开放等十二项重点攻坚行动，踏上了更为壮阔的高质量发展新征程。这是济南故事的新篇章。

作为时代变化的参与者、见证者，同时也应是优秀传统文化的守望者和美好故事的讲述者，我们有责任深入讲好济南故事，告诉世人济南的前世与今生。但也许是尊奉礼仪之邦"讷于言而敏于行"的古训吧，这些年我们做了很多，讲得却还不够。济南出版社策划出版"济南故事"系列丛书，可谓正当其时。它从多层面多角度挖掘、整理和诠释济南风景名胜、人文历史，向世人娓娓道来，并以图书的形式呈现出来，是一件有着深远意义的事情。我希望这套丛书能成为一把钥匙，为读者打开一扇门，拨开历史的风尘，带领读者穿越时光，纵览波澜壮阔的历史长卷，与往圣先贤来一场跨越时空的对话。

翻开它，我们走进历史；合上它，我们可见未来。

中共济南市委常委、市委宣传部部长

目录
MULU

小清河：澄澈秀色运长波

第一章

傀儡刘疏浚开掘

小清河横空出世

小清河畔闲游，看光线随着碧绿柔软、火苗伸缩舔舐一般的水草弯曲，光一旦脱离了水草的束缚，便箭一般斜射而出，在长长的两道河岸之间反射，以至于无穷。追光者沿着河岸飞奔……

《世说新语》开篇第二节，周子居常云："吾时月不见黄叔度，则鄙吝之心已复生矣！"我们在羡慕周子居的同时，会不免想到，世无黄叔度，唯有一弯清流庶几近之，不时亲近，让人鄙吝之心顿消。

荷叶茂密，但也有寥寥几枝已经枯萎。雨又开始下，现在，你可以闭上眼睛，就着几杆残荷，听听枯雨的声音了。如果睁开眼睛，就可以看到一群一群的游鱼。每条鱼接连不断地吐出一串串气泡，把整个水底荡漾成一张珍珠和看不见的线织成的大网。草木繁茂，遮没了河岸。

小清河全长接近240公里，沿着济南槐荫区、天桥区、历城区、章丘区曲折向北，经邹平、高青、桓台、博兴、广饶，至潍坊寿光汇入渤海，沿途不择细流，收纳巨野河、绣江河、杏花沟、孝妇河、淄河等，故能成其大，

流域面积达一万多平方公里，在防洪排涝、灌溉、航运等方面为人类做出了重要贡献。

但让人意想不到的是，这样一条利在千秋的大河，据说起初竟然是历史上一位臭名昭著的傀儡皇帝刘豫开浚的。

刘豫出生于公元1073年，景州阜城（今河北省衡水市阜城漫河乡东韩村）人，字彦游。此人从小就有盗窃的癖好，给人留下话柄。还好除了盗窃之外，他在读书上还算肯下功夫。

当时人读书的目的比较简单，就是"做官"。中国古代的职官制度，经过了漫长而复杂的演变。魏晋南北朝时期，是九品中正制；隋唐以后，中国创立了科举制度。科举制度延续了1 300年，一直到1905年才废除，世界意义上的文官制度，也就来源于科举制。能够延续整整1 300年，在世界考试制度方面可以说是绝无仅有的。

宋朝是科举制承前启后的朝代，北宋科举制较之唐代日趋成熟，宋朝以

后直到清末宣统年间，科举制基本上没有什么本质的改变。宋哲宗赵煦元符年间，刘豫考中进士。联想到刘豫惯偷的身份，我们有理由对这个"进士"的含金量表示怀疑，但也只是怀疑而已，并无确切证据。

北宋末年，内忧外患日趋严重，外有辽、西夏、金轮番攻击，内有秦桧等奸臣把持朝政。孔子说："邦有道，贫且贱焉，耻也；邦无道，富且贵焉，耻也。"但对于刘豫这种人来说，生活在无道之国，还能够富且贵，是绝不以为耻的，反而还如鱼得水。考试成功，入朝为官之后，刘豫充分发挥了自己钻营的特长，和朝中大佬打得火热，虽然一应政事都交由手下人处理，官反而越做越大，节节攀升，后来被外派到山东任济南知府。

莽汉喜欢用武力解决问题，有钱人喜欢用钱解决问题，还美其名曰："凡是用钱能解决的事都不叫事儿。"宋朝的皇帝基本上都是这个思维，因为宋朝当时富裕得很，无论是汴梁还是临安，都可称世界大都市，比今天的纽约有过之而无不及。所谓的"积贫积弱"实际上是一种误解，宋朝差不多是中国历史上经济最发达的时代，也正是这种发达引来了野蛮人的窥探。

面对蛮族无休止的骚扰，宋朝皇帝的意思是："它们"不过是来讨饭的，我们应该有扶贫仁爱之心，把存不住、花不了的资产舍给这些穷人一点，也是我们堂堂大国的风范嘛！此番高论让众臣僚一致拜服。

但尝到甜头的金国绝不会就此止步，在没有任何约束的情况下，文明人也会很快变成野兽，何况原本就和野兽距离不远的金人。他们很快把荀子"性本恶"的经验发挥到极致，在宋金边境大肆烧杀抢掠。

残暴的行为必然引起反抗，随着更多老百姓向南方逃亡，很多像岳飞一样富有正义感的将军、官员开始组织军兵、民间义士等抗击金人。

文化的力量看似柔弱，实则水滴石穿，经过长期的接触，金国也已经开始汉化，智谋之士日渐增多，有人出主意：硬来不是长久之计，再一个，已经占领的地方，实际上成了我们的土地，被占领地区的人，也已经是我们的人，虽然是奴隶吧，也是我们的奴隶，不能一概杀光，让他们长期为我们干活、服侍我们，不是更有益处？还有人说：我们和他们太不一样了，不了解他们，最好选个他们的人代替我们治理宋人，我们只要在幕后操纵就可以了，好处我们捞，坏人他们自己当。

提议得到了一致赞成。但至于找谁来当替罪羊，金人着实费了一番功夫，直到他们选中了张邦昌。

靖康之变，"太上皇"宋徽宗、时任皇帝宋钦宗及后妃宗室、文武百官被金人掳掠。阶下囚的生活让这些贵族彻底明白了边境百姓的苦难，但"泥菩萨过江，自身难保"，他们已无力回天。发明"瘦金体"、成立"翰林书画院"，以书画傲视群家的宋徽宗赵佶被虐待致死，宋钦宗赵桓也是备受屈辱。

宋徽宗

金人攻下汴梁之后，并未打算长期居住，临走之前，他们做了另一件事——将宋徽宗、宋钦宗贬为庶民，对遭受劫持的宋朝文武百官说，让他们自己推举一位"皇帝"出来。当然这并不是他们已经有了现代民主意识，要废除家天下，为宋朝建立一套选举代议制度，而是要选一个听自己话的代理人。

经过一轮"默照不宣"的投票，张邦昌"不幸"中了彩。为何"不幸"？因为他本人并不想当这个"皇帝"，和赵匡胤"黄袍加身"完全不是一个概念。既然他本人并不希望中彩，大家又为何一致选他？首先，他是宰相。其次，他一向主张和金国和平相处，建立长期友好合作的邻里关系。张邦昌接到手里的，其实是一个烫手的山芋。但你也不得不说张邦昌还是有非常强烈的忠君观念的，得知自己得票最多，张邦昌如丧考妣，说什么也不发表获奖感言，而是一再逊辞：感谢大家的厚爱，但张某人才疏学浅、不堪此任，再说圣上对本人隆恩浩荡，绝不能落井下石云云。

自然，投票人开始劝进：张大人德高望重，新皇帝非您莫属，我们也知道您挂念徽宗、钦宗的恩德，但他们都是爱民如子的好皇帝，念在全城百姓的安危上，您就勉为其难，从了吧！

作为被选举人，张邦昌痛哭流涕，勉强答应下来。金人非常高兴，马上准备册封大典。一听说这么快就要登基，面对"一失足成千古恨"的窘境，张邦昌恨不得立刻投井自杀，还好又被那些选举人劝住了。

在金人的斧钺之下，张邦昌大人扭扭捏捏坐上了皇位，金人已经为他选好了国号"大楚"，拟建都金陵。一系列的举动证明张邦昌这个大楚皇帝，坐得实在是心虚得很：皇帝都是"面南背北"，但张邦昌只是"东面拱立"；自嬴政称帝以来，皇帝都自称"朕"，所发文件称"诏书"，但张邦昌面对百官，自称"予"，写的文件称"手书"；他还不允许大家称自己"陛下"，只许称"相公"，不接受什么"万岁万岁万万岁"之类的山呼海拜。

等金军押着两位被废的宋朝皇帝连同后妃等北上，张邦昌又运动起来，他找到宋钦宗的同胞兄弟赵构，把皇位转赠，同时撤销"大楚"的称号，还是称"宋"。宋高宗赵构因为刚当上皇帝，对"皇位"的体验还不是特别深刻，故而对张邦昌负荆请罪的表现还算满意，没有过多的指责。但后来，在李纲等人的强烈要求下，张邦昌最后还是被赐死。

自己扶立的代理人竟然被"赐死"，这让金国人对赵构大为不满，又开始大举伐宋。而此时宗泽将军帐下名将岳飞已逐步崭露头角，以勇猛强壮自诩的金兵竟然占不到什么便宜。

在济南，金兵遇到了另一员勇将——关胜。

刘豫刚到济南上任不久，就遇到了金军的攻击。站在城墙上，看到金兵张牙舞爪的模样，刘豫的腿肚子直抽筋。他本打算弃城而逃，到高宗那里编个瞎话，既保住命又不承担责任，但守将关胜却不同意。关胜是热血男儿，扬言如果刘豫敢不战而降，就要进京告御状。

没办法，刘豫只好假装强硬，派热血男儿关胜出战。关胜连战连捷，让金军头痛不已。金人里面的智囊开始另谋他策，金人派细作查了济南知府刘豫的底细，认定这是个贪财怕死的小人，便派人去招降。

岳飞

使者软硬兼施，为刘豫详细分析了眼前的利害关系：如果不和大金国合作，城破之日，就是你刘某人毙命之时；如果和我们交朋友，有享不尽的荣华富贵。你们的皇帝都被我们俘虏了，你还有什么希望？使者的一番话让原本就对关胜没什么信心、对战况不抱希望的刘豫茅塞顿开，他使了个计策，害死了关胜。

关胜死后，刘豫召集百姓，说明了金国的宽大为怀，宣布要向其投诚。可惜刘豫的口碑太差，百姓感念关胜将军，对刘豫的训令充耳不闻，胆子大的开始骂骂咧咧。刘豫一看，只好草草结束训话，令百姓各归各家。

刘豫琢磨下一步怎样走，思虑了半夜，突然想出个好主意：你们不走，老子自己走！他命令手下人找根绳来，拴在自己腰上，把自己从城墙上缒下去，只身投降金国。

金国王爷完颜赏英看到刘豫是棵好苗子，比张邦昌强太多了，对他非常满意，即刻兑现承诺，封他做了淮南、京西等地的安抚使，接着又封他为东平知府兼诸路马步军都总管，让他的儿子刘麟继任济南知府，黄河以南金国统治的地盘全在其麾下。

自然，对于刘豫这棵好苗子，除了用心栽培之外，金国人也没有对其放松警惕，完颜鹘英的重兵就驻扎在近处，随时监视着刘豫。

第二年，逐渐赢得完颜鹘英信任的刘豫，像张邦昌一样被封为"皇帝"，新的政权名为"齐"，都城在大名，后来迁到北宋旧都开封。刘豫当皇帝的感觉和张邦昌完全不同，他绝不委屈，也绝不反抗，而是欢欢喜喜地行使着自己的权力，除了对金人俯首帖耳，在自己的领地当中，他可是唯我独尊了。

南宋那些和刘豫有交情的大臣，试着劝刘豫弃暗投明，重回大宋怀抱。但刘豫对使者说：你们现在来策反我，你们怎么不想想张邦昌的事情？他张邦昌做个皇帝战战兢兢，主动归还皇位，最后落得个自尽身亡，我刘豫再重回大宋，能有好下场？得了吧，您呐！

刘豫对金国是打心眼里感激，并非装模作样，他积极配合金人向长江以北的各地攻击抢掠，甚至盗挖了北宋皇陵。

北宋的皇陵在今天河南巩义，据说是开国皇帝赵匡胤在祭拜父母的时候，由自己幼年时代埋下的一匹石马，产生"人生如白驹过隙"之感慨，遂张弓射出的一箭而定。直到北宋灭亡，营造时间长达160多年，其间九位皇帝，除了被金人俘虏的宋徽宗和宋钦宗父子，此处共埋葬了七位皇帝，加上赵匡胤的父亲，被追封为宋宣祖的赵弘殷，北宋皇陵也常被称作"七帝八陵"或"北宋八陵"，依次是宋宣祖的永安陵、宋太祖的永昌陵、宋太宗的永熙陵、宋真宗的永定陵、宋仁宗的永昭陵、宋英宗的永厚陵、宋神宗的永裕陵和宋哲宗的永泰陵。在诸帝陵墓的周围，还葬着20多位皇后，有上千座皇室宗亲及名臣宿将如寇准、包拯、狄青等的坟墓。

我们说过，宋朝的经济实际上是相当繁荣的，从相当奢华的皇陵上面也能看出来。其中最著名的，就是在位42年的宋仁宗赵祯的永昭陵。赵祯可以说是一位明君，任用包拯等爱民如子的好官，在位期间国家相对比较安定，科学、文化等都比较发达，可以说是北宋的鼎盛时期。宋仁宗去世后，葬于永昭陵。据记载，修陵的时候调集士兵4万余人，用时7个月，用银50万两，钱150万贯，绢绸250万匹，全部耗费加起来，占到了国库当年收入的一半。墓前石雕精美绝伦，堪称雕塑史上的杰作。赵祯一生节俭，绝想不到死后反而大大奢靡了一回。

金兵大肆掳掠之后，把北宋皇陵所在的土地交给傀儡皇帝刘豫打理。刘豫此时虽然是皇帝，建了自己的宫殿，但宫中器物，自然无法与北宋的皇宫相比。后来，通过一只皇陵里盗出来的玉碗，刘豫想到了挖盗皇陵补充内府的主意。这个主意好还是不好，我们不做评论，但身边环绕着从坟墓里挖出的东西而还能洋洋得意，一般人还真是做不到。

刘豫绝不是"思想的巨人，行动的矮子"，此人做事情是不计后果、无所顾忌的，他立马调集了十余万乡兵，筹备盗墓活动。盗墓是刘豫的老本行，可以说全国没有比他更专业的了，现在他手里有了人力物力，再也不是单打独斗的时候了。

为此，刘豫派自己的好儿子刘麟亲自主持盗墓活动，而且建立了严密的组织，像曹操一样，设立了专门的盗墓机构，分封官职，比如"河南淘沙官""汴京淘沙官"等。所谓的"淘沙官"，绝不是搞建筑或后勤工作的，刘豫虽然很不要脸，但还是找了张纸糊在脸上。

刘麟的脸皮比刘豫更厚，不以盗墓为耻，反以为荣，兴高采烈地率领着"淘沙"大军开赴北宋皇陵，对陵墓大肆挖掘起来。在盗墓的过程中，他们并没有遇到什么阻力，可以说是很顺利。作为专业人士，刘豫的盗墓经验是十分

北宋皇陵遗址

丰富的，在他的传授指导下，士兵们在盗墓时非常注意区分大墓和小墓的不同。先探测一番，再根据墓葬的具体构造采用不同的方法。

在盗取北宋皇陵的时候，对于小墓，他们一般都是直接挖开，揭掉墓顶，人下去直接挖掘搜罗。对于大墓，通常在墓室侧面打洞，洞打成后，从洞口进去，撬开陵墓顶部用于遮盖陵墓用的券石，把绳子绑在盗墓者的腰间，顺绳而下，就可以直接到达墓葬的核心位置，找到棺椁，深入墓室的内部盗宝。这些技术手段都十分简单易行，但又十分有效。不像以往的那些盗墓贼，只凭人数众多强行打开墓室。

刘豫的这些盗墓手段并未随着他的死亡失传，在后世繁荣的盗墓活动中，此法被广为沿用。刘麟和他的"淘沙大军"把目标重点放在那些没有被金兵盗过的陵墓上，当然，那些被金兵盗过的陵墓他们也没放过，又进行了二次偷盗。

霎时间，北宋皇陵方圆几十里成了盗墓士兵的天堂，被抛出坟墓的白骨堆成了小山，就连宋哲宗赵煦的尸骨，也被挖出乱抛在地。除了帝陵，后陵、妃墓、周围的臣子墓等皆未能幸免，不久即被盗挖一空。

刘豫和他的臣子们得到了大量的稀世珍宝。但稀世珍宝毕竟不能当饭吃，不到迫不得已不能当银子花，更多的是用来观赏。作为一个统治者、一个"皇帝"，刘豫必须为自己的政权开辟财路。有道是"天下熙熙，皆为利来；天下攘攘，皆为利往"，没有钱是没人跟着你玩的。

在经济方面，刘豫不是无所作为的。除了积极收税以外，他最重要的举措，就是开浚了小清河。当然他开浚小清河并不是为了喝水方便，而是为了航运——运盐。

在我们中国的调味品里，盐是百味之首，是人们日常生活中不可缺少的食品之一，每人每天需要6~10克盐才能保持肌体的正常活动、维持正常的渗透压和体内酸碱的平衡，放盐不仅增加菜肴的滋味，还能促进胃消化液的分泌，增进食欲。直到今天，寿光的羊口和东营的广饶都是盐业重镇，在宋朝，更是比今天有过之而无不及。黄河从青藏高原发端，蜿蜒流淌5 000多公里，每年携带十多亿吨的泥沙一路东流，到了广饶、羊口附近，此处地势平坦、光照充足，地下卤水资源极其丰富，更不用说不远处的辽阔海洋了。

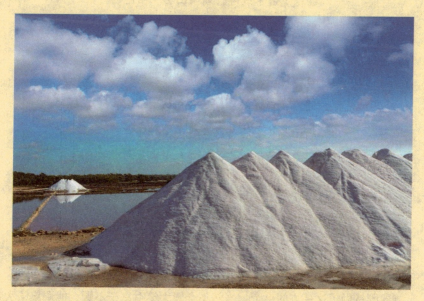

盐场

最早，在《尚书·禹贡》中有载："海岱惟青州。嵎夷既略，潍、淄其道。厥土白坟，海滨广斥。厥田惟上下，厥赋中上。厥贡盐絺，海物惟错。"描述的就是这块富饶之地。此地原属古青州，夏周时期开始有煮海为盐的记录。春秋时期，齐相管仲制定"官山海"之策，依托齐国濒临大海和铁矿丰富的山海资源优势，鼓励开发盐业、矿产、冶铁业和渔业，运用民制官收的办法，所产盐斤概由官收、官运、官销，利用自己相比西方诸国的比较优势扩大生产，并通过盐铁专营制度，将盐业、冶铁业、渔业的收入充实国库，提高争霸的财力，而这套管理制度一直被延续下来。

宋代著名文学家柳永有一首《煮海歌》，说的就是制盐的情况：

煮海之民何所营，妇无蚕织夫无耕。

衣食之源太寥落，牢盆煮就汝轮征。

年年春夏潮盈浦，潮退刮泥成岛屿。

风干日曝咸味加，始灌潮波增成卤。

卤浓碱淡未得闲，采樵深入无穷山。

豹踪虎迹不敢避，朝阳山去夕阳还。

船载肩擎未遑歇，投入巨灶炎炎热。

晨烧暮烁堆积高，才得波涛变成雪。

自从潴卤至飞霜，无非假贷充糇粮。

秤入官中得微直，一缗往往十缗偿。

周而复始无休息，官租未了私租逼。

驱妻逐子课工程，虽作人形俱菜色。

鬻海之民何苦门，安得母富子不贫。

本朝一物不失所，愿广皇仁到海滨。

甲兵净洗征轮辍，君有余财罢盐铁。

太平相业尔惟盐，化作夏商周时节。

刘豫既然做了这一方的皇帝，当然不会置大笔财富于不顾，他调集了大量兵士和农民，前去制盐。当时制盐的方法主要是"盐田法"。

制盐包括纳潮制卤、结晶、采盐、贮运等步骤。先要在海岸或盐井旁修建很多像稻田一样的池子，卤水在风车转动下被提上来，海水则是通过坑道被引过来，灌进池子里，这便是"盐田"，或曰"卤水库"。然后利用风吹日晒让海水蒸发，浓度逐渐加大，当水分蒸发到海水中的氯化钠达到饱和的时候，要及时将卤水转移到结晶池中。卤水在结晶池中继续蒸，原盐便渐渐沉积在池底，形成结晶，达到一定程度就可以采集了。

"盐田法"制盐受环境因素的影响比较大，比如海水或卤水的盐度、地理位置、降雨量、蒸发量等，都会直接影响盐的产量。假如卤水在即将饱和的时候下一场雨，许多时日的等待则还需重来，假如雨大冲垮了盐池，则一腔热血立刻化为泡影。所以中国的海岸线虽长，适合制盐的地方却并不多，就像只有新疆的特殊环境，才能产出天然美味、营养丰富的葡萄干一样。

从柳永的诗中也可以看出，制盐工的生活实际上是相当不容易的。原盐需要不断地翻晒和清洗，随着时间的延续，晶体状的盐颗粒越结越大，像一颗颗珍珠堆积在一起，但制盐工却很难有心情欣赏这番美丽景象。众多的工人企盼夜晚的降临，可以到小酒馆里喝一杯酒，祛除湿气，但当然，他们并不是每天都有机会喝酒。

"要致富，先修路"——盐制好了，面临的最大问题就是运输。天生的盗墓贼刘豫凭借本能第一个想到的办法，就是"挖"。不过不要误会，他想到的"挖"，并非"挖路"，而是"挖河"。我们都知道，陆路运输在古代是相当麻烦的，先修路，这是不用说的，修好了路，还得备车，备好了车，还得有马，还得有驾车的马夫，贵重货物还容易遇到强盗，一系列的问题让人崩溃。而河运，就便利多了，只要水足够深，有了船，运货物既迅速又轻便。

所以，刘豫想到的办法是"挖地为河"，因为当时寿光和广饶去济南是没有水路的。那时，济南地区的内外水运主要靠大清河，从五代宋初以来，流经山东地区的大清河得到整治疏浚，东北方向到达入海口，西南方向可以连通东京开封府，成为重要的水上交通航道。而小清河的开浚，一方面让济

趵突泉

南北郊沼泽地区的积水汇入河道。另一方面，则成了辅助大清河航运的重要组成部分。

我们不得不说，刘豫是一位实干家，想好之后，立刻付诸实施。他下令征集数万民工，去开挖河道。民工们背井离乡，吃着恶劣的伙食，露天而居，经过几年的艰苦努力，终于开浚了一条河道，这就是后来的"小清河"。具体说来，是在历城县华山之南筑堰，由此而向东北方向打通了一条与当时的"清河"（即济水）平行的河道，小清河开通后，原来注入清河的济南北郊湖泊之水，改向东流，经章丘、邹平、长山、新城、高苑等地，于博兴的马家渎注入渤海，全长500多华里。

小清河作为始于济南、流经章丘北部的一条河，是济南以东地区唯一的一条兼有航运灌溉功能的泄洪排涝河道。济南泉水众多并且大都流入小清河，其中水量最大的是趵突泉，由此，人们往往把趵突泉作为小清河的发源地。小清河从历城区北柴家庄的东北方向流进章丘，经高官寨、水寨，从小贾庄流入邹平。章丘境内的绣江河、漯河、巨野河、东巴漏河、西巴漏河、白云湖、芽庄湖等诸处的水，最终也都注入小清河。

回过头来再说刘豫，常做亏心事的人，很难不怕鬼来敲门。刘豫虽然没有幡然悔悟，却是做了一件掩耳盗铃的事情——等把"北宋八陵"盗得差不多了，他让兵士们放了一把火。在金国将攻占的北宋京城交给刘豫后，刘豫还装模作样，下令禁止军人抢掠陵庙器物。但既然是掩耳盗铃，结果不过是弄巧成拙，刘豫的名声越来越坏。加上他日益残暴，反抗他的人也越来越多。不久，刘豫更是在战场上遭遇了岳飞、韩世忠等不世名将。

自然，刘豫手下也不尽是酒囊饭袋，他也有一员虎将，便是李成。李成天生神力，勇冠三军。北宋宣和初年，李成作为一名官差，负责维护地方治安，缉捕盗贼。靖康之变以后，中原地区大乱，百姓流离失所，李成脱离公职，集结起一支队伍，逐渐壮大至十余万人，成了各路盗贼的领袖。据记载，李成所部"号令甚严，众莫敢犯"，每次作战李成"临阵身先诸将""卒未食不先食，有病者亲视之。不持雨具，虽沾湿自如也"。可见，李成绝非有勇无谋之辈，他的所作所为深得军心，"士乐为用，所至克捷"。

后来，李成"据江、淮六七郡，连兵数万""聚众为盗，钞掠江南"。1131年，宋高宗赵构命张俊和岳飞讨伐李成，战败后，李成北逃，归降刘豫的伪齐政权。归顺伪齐后，李成奉命驻守顺昌，并率军攻占了南宋的荆襄六郡。

1134年夏，宋高宗赵构命岳飞出征，夺回荆襄之地。令人啼笑皆非的是，出征之前，赵构对岳飞下的命令是只许收复李成攻占的旧地，不能进攻伪齐刘豫的地盘，否则"虽立奇功，必加尔罚"。岳飞虽然有点儿理解不了高宗的"深谋远虑"，但还是遵照指示，率领三万余人，从鄂州渡江北上，向荆襄进军。岳家军一路势如破竹，先后收复许多州县。恼羞成怒之下，李成率领主力与岳飞决战。岳飞派遣王贵"以长枪步卒，由成之右击骑兵"，派牛皋"以骑兵击其步卒"。李成的士兵"应枪而毙，后骑皆拥入江，步卒死者无数"。不

第一章　傀儡刘疏浚开掘　小清河横空出世

到三个月，岳飞就连败金齐联军，收复荆襄六郡。

虽然岳飞被迫还军，但刘豫此时已经陷入恐慌，他知道自己只是一颗棋子，如果不能发挥狙击南宋的作用，早晚会被金人舍弃。于是，在岳飞撤军之后，他再次准备南侵，金国派了五万大军支援。宋高宗赵构闻听讯息，立刻与众人商议弃城奔逃，张俊等人随声附和，赞其圣明。幸好还有能征善战的韩世忠将军，设伏大败金军。金军转而进攻淮西，又败于岳飞之手。后来，刘豫避开岳飞，又率军30万进攻两淮地区，结果却被韩世忠击溃。

屡战屡败之下，大金国对刘豫丧失了信心，指责刘豫"论其德不足以感人，言其威不足以服众"。受到指责后，刘豫惶恐不安，但想到张邦昌的下场，又不能投降南宋，夹缝之中，着实心焦。1137年11月，金熙宗完颜亶下诏废刘豫，剥夺了他的统治权。1146年，刘豫死于流放之地，这算是尘埃落定。

刘豫开浚小清河时，在济南泺口筑起的"下泺堰"，把泺水分成了两处，堰以南新开的河流被称作小清河，堰以北的部分改称大清河。小清河的开通，首先是为刘豫运输食盐提供了巨大方便，但一条河总是不受某个政权的长期控制的，政权很快灭亡了，河水却继续日夜不停地流下去。通航后，小清河的作用远远不止运盐，对于改善山东东部及北部的航运、灌溉、排涝条件，供给下游沿河各地居民优质的饮用水，促进小清河流域经济、文化和社会的交流与发展，都起到了很重要的作用，可以说善莫大焉。

当然，由于年代久远，关于小清河的起源，还有不同的说法。比如，有的学者认为小清河是古"四渎"之一的古济水下游自济南入海的一段。中国的辞书之祖《尔雅》中记载："江、河、淮、济为四渎。"北魏郦道元《水经注》中有："济枯渠注巨野泽，泽北即清水。"两处的"济"指的都是"济水"，众所周知，"济南"就是因为地处济水之南而得名。

到了唐代，由于黄河的浸淤，济水上游已被淹没，为区别黄、济两河，山东境内的济水部分被唐朝人称作"清河"，清代著名学者胡渭在《禹贡锥指》中指出："唐人谓之清河。"宋熙宁十年（1077），黄河在澶州（今濮阳）决口，济水在梁山泊分为南、北两脉，又有了南清河、北清河之称。济水故道以章丘的獭河为源继续存在，只不过水量减少，济南至章丘的一段干涸了。

清咸丰五年（1855），黄河决口，夺大清河入海，这次改道让不少人误以为济南以下的黄河即济水故渠，殊不知小清河才是古济水故道，大清河循的是古漯水故道。刘豫在历城东北华不注山"导漯水，筑堰于历城华山之南（名下漯堰），拥水东流以益章丘之流"，只不过是把漯水导入了济水故道，至多不过新挖了很短的一段。元朝于钦《齐乘卷之二》中说："古漯水自华不注山东北入大清河。伪齐刘豫乃导之东行为小清河。"元、明和清初《山东通志》及沿河州县诸志书多采此说，从而导致了对刘豫开凿小清河的误解。

可以看到，众人争执的重点在于刘豫到底是不是新挖了一条河，但不管怎么说，"小清河"的命名还是和刘豫直接相关的。所以我们如今追溯小清河的历史，刘豫仍然是绕不过去的一个人物。

附：

小清河大事记

前传："江、淮、河、济，古称四渎"，即是针对"长江""淮河""黄河""济水"来讲的。到汉、唐时期，据史书上记载，鲁北地区主要有三条大河：济水最南，漯水居中，黄河最北，济南即因为地处济水以南而得名。济水发源于河南济源，在当地称沇水，东流入鲁地，则称济水。

东汉以后，因为黄河改道，河南境内已无济水，而山东境内的菏水、汶水等仍沿济水故道汇流入海。所以唐代人改称清河，以别于古之济水。据说因水色清澈而得名。

宋熙宁十年（1077），黄河在澶州决口后，改道南行，在山东梁山泊附近分为南北两支，一支汇合南清河（即古泗水）入淮水；另一支汇入北清河入海。黄河挟北清河自东阿至历城一段仍旧为济水故道，自历城决口处，脱离故道，折向东北流入济阳，至利津入海。

南宋建炎四年至绍兴七年（1130—1137），刘豫以金朝附庸而为伪齐国皇帝，开挖小清河。由于地势南高北低，胡渭《禹贡锥指》中有："济阳入流（大清河新道）日盛，章丘之流（济水故道）日微，故刘豫堰泺水使东以益之。"泺水源于济南趵突诸泉，北流经泺口入大清河，刘豫筑堰于泺水旧日入济之处，名下泺堰，使泺水分流，堰南称小清河，北清河改称大清河。

《元史·五行志》载："至正二年（1342）六月，济南山水暴涨，冲东西二关，流入小清河。"

永乐元年（1403），修复章丘漯河东堤。

永乐三年（1405），复修历城县小清河堤。

成化初年，小清河湮没。"章丘县内水行济渠者（入小清河者），惟杨渚沟一水耳。"（《章丘县志》）诸如巨野、绣江等山东南部诸河，均不得入小清河，折而向北注入大清河。

成化九年至十一年（1473—1475），疏浚刘豫时期的小清河故道，尽复旧观，添置闸所，并开支脉沟，分百脉水（绣江河）的洪水，水大则开闸分流以杀水势，旱则闭闸。支脉沟为齐东县令陈恺所挖，曾称陈恺沟。

嘉靖十二年（1533）、二十三年（1544），因小清河中上游淤堵，两次疏浚。

嘉靖之后，泺水自历城东北下泺堰北决口，全泺注入大清河，于是章丘段又失去水源，小清河故道再次逐渐湮废。"惟漯河仍循故道行，故土人谓漯河为小清河。"（《章丘县志》）是时，济南南部诸河宣泄不畅，亦随之泛滥成灾。由于明末政治日趋腐败，小清河亦久废不治，这是小清河一次大的变迁。

顺治四年（1647），漯河决于万家口。

康熙五年（1666），漯河复决于万家口。山东巡抚亲临勘察，并选派人员进行疏浚，建灰坝于万家口，历十年筑成，沿河筑堤，以束其势。

康熙二十七年至三十三年（1688—1694），万家口又开，洪水注浒山泺。

自此以后，万家口以北的小清河故道尽皆淤废，章丘境内，漯河不再注入小清河，遂由浒山泺至邹平之柴家桥西，再趋小清河故道东行。

咸丰五年（1855），黄河决于铜瓦厢，夺大清河，小清河又遭侵淤，章、历诸河皆不能复入大清河。巨野、绣江两岸水淹，半成泽国。此时，清朝统治者正忙于镇压太平天国农民起义，对黄河决口尚不能复堵，当然更谈不上治理小清河了。

光绪九年（1883），用银12万两，采取调用民力、酌给津贴的办法，初步分别治理了小清河上下游。上游济南段，自华山之南，引泺水、巨野河，经鸭旺口史公闸，东汇绣江河，再汇漯河、黛溪、朱龙诸水，由陶唐口以达支脉沟，汇淄河入海。

光绪十二年（1886），盛宣怀被授予登莱青兵备道兼东海关道，官署在山东烟台。黄河频频泛滥，巡抚张曜年年为黄河决口疲于奔命，盛宣怀到山东后，张曜请他主持小清河治理，为其分担治水重任。

光绪十五年（1889）六月，盛宣怀从烟台乘船北上，到寿光县羊角沟小清河入海口，沿小清河溯流而上，察看沿河百姓受灾情形，勘察水灾频发原因，做出治理小清河及其支流的一套详尽方案。由于山东财政困难，无力筹集款项。盛宣怀派人向江南富绅巨商募捐，由山东巡抚给予褒奖。盛宣怀提出"以工代赈"的办法，招募灾民参与小清河治理，以发工钱的方式来发放赈济款，得到了老百姓的积极响应。

当年夏天，治理初见成效。由于河道畅通，虽然上游仍有洪水暴发，下游博兴、乐安、寿光等县未受水灾之害，是年田禾大收，芝麻、棉花亦得收获。终结了小清河柳塘口以上河段长期淤废状况，使海口至省城一气贯通，水患暂息。此后，盛宣怀又多次勘察河道，还专门研读英国传教士有关治理小清河的专著，不断完善方案。

在盛宣怀主持下，三年间征调民工数十万，耗支白银70多万两，疏浚河道四百余里。此次疏浚，全河一律展宽至十丈，开深一丈至一丈三尺；出河之土夯筑成堤，使河两岸成各宽十丈之马道，使中断航运170余年的小清河，从羊角沟海口直达历城的黄台桥，全线恢复了通航。

盛宣怀对治理小清河尽心尽力，在1893年11月工程完工之时，本人亲自撰写了一篇《修浚小清河记》，纪念这件事，并给后人治河提出了建议。这篇文章后来被刻在了石碑上，原保存于小清河航运局，现移立于新整治的小清河岸边，供游人瞻仰。

光绪三十年至三十一年（1904—1905），在历城睦里庄西建水闸。"定清明落闸，霜降提闸"（《长清县志》），引玉符河水东流，经吴家堡、匡山北，与柳塘河（流经孟家桥、黄岗、侯家庄）合流，经香闸村东，过林家桥入小清河，至此，小清河的上源已经形成，直到新中国成立后，小清河济南段仍保持这一面貌。

民国初年，许多有识之士倡议治理小清河，机构上亦曾设有"小清河疏浚工程事宜总局"。但除编了一本查勘小清河报告书外，其他均未见诸实际。

1925年，开挖工商河。济南市区北部低洼涝碱地区拟开辟北商埠，于是人工开挖了工商河（当时名"引河"），长6 600米，河口宽53米，底宽9米，深4~6米。排除了积涝，小清河通航船只可直达成丰桥和金牛山下。

1929年，水利专家张含英在新东门外护城河畔，建成全省第一座水力发电厂，利用东护城河上闸坝上下游水位落差发电。

1930年到1937年，山东建设厅下设小清河工程局。著名水利专家李仪祉曾于1931年乘小船，从济南出发，到羊角沟入海口对小清河进行过一次视察，就治理航道、设置船闸等问题，提出了具体实施意见。工程局参酌先生的意见，重新拟定"整理山东小清河工程计划大纲"。

1931年5月，小清河上的五柳闸坝工程开工。建船闸、挖月河及建滚水坝各一座。同年，为宣泄南山洪水，消除济南水患，整修了承接南山洪水的市区山水沟及围子壕，并改建了广智院街等阴水桥梁。干流上五柳闸至林家桥段进行了挖河修堤。

1932年5月，坐落在西泺河上的边庄闸坝工程开工。一是便利航运，200吨船可直达小北门；二是调节水位，附近湖河水位不因旱涝相差过甚。

1935年，开挖了东、西太平河，并分别建了三处闸，名梯子坝闸、粟山闸、烟墩闸。

1937年8月，黄河在宋家桥（长清县）溃决，水沿小清河下行，淹没了济南商埠一带及张庄飞机场，小清河干流遭淤塞。

1942年7月15日上午7点30分，济南市区开始降雨，夜间增大，三个半小时降雨达146.9毫米，市区受灾严重。灾后，开挖了兴济河，从西十里河东开始，经段店东、老屯西至孟家桥止，长7 700米，宽35米，深5米，排泄玉函山一带山洪，下接柳塘河，从黄岗庄西入小清河。

1946年5月，利用济南泉水的北园灌溉工程开工。

小清河历代均有所治理，但大多只就河道进行疏浚挑挖筑堤而已，就整个流域而言，由于历史、社会和技术条件的局限，是不可能通盘治理的。所以，新中国成立后小清河流域仍然是旱涝灾害交错、频繁出现的，而且连旱连涝。

新中国成立初期，党和各级政府即着手进行小清河及支流的治理。

《重修小清河记》石碑

1950年，市政府组织了7 000余人，用以工代赈的办法对小清河及东、西太平河进行了疏浚。

1952年，对章丘县绣江河进行了治理，复堤护险整治河道，增强了防洪能力。

1953年，章丘县开挖了漯河分洪道，筑了溢洪坝。

1955年秋，小清河治理工程局成立，编制了小清河流域规划报告。

1958年4月，为减轻绣江河行洪压力，白云湖滞洪工程开工。

20世纪60年代初，小清河流域连遭暴雨，洪涝灾害严重，特别是1962年7月13日，遇到1916年以来最大的一次暴雨，市区南部洪水暴发，护城河、工商河、小清河全部漫溢，北园20公里长的低洼地带一片汪洋，农田被淹，工厂停工，房屋倒塌，桥梁冲毁，火车停驶，造成严重的灾害。

1965年5月，成立小清河工程局。省地县水利部门自1964年起至1967年止，编制了《小清河流域治理规划和初步设计报告》及《1996年—1970年小清河流域近期治理规划和初步设计》等文件。其间，开挖了腊山分洪道，兴建了狼猫山、杜张、垛庄、大站、杏林共五座中型水库。

1977年10月，省委要求章丘县先行一步，按照省委治理小清河的统一规模要求，组织5万名民工，大干40天，完成了章丘县境内的切滩、筑堤、展宽工程；堤距330米，左堤长15.6公里，顶宽15米；右堤长11.9公里，顶宽10米，大堤全部进行了绿化。由于小清河流域治理工程量大、投资多、上下游均未能治理，所以章丘县境内的工程未能充分发挥效益，小清河的防洪除涝能力低的问题仍未解决。

1978年3月，省委确定小清河流域为全省重点农田基本建设会战区，并成立了会战办公室，编制了《小清河综合治理规划》，全面解决防洪除涝、灌溉、航运、环保及战备等问题。

1996年11月，省、市人民政府确定对小清河干流进行综合治理，各级领导、数万治河大军战斗在治河第一线上。至1997年10月，济南段清挖、展宽了干流，市区段修筑了砌石岸墙及桥涵建筑物等。

2007年，再次对小清河进行综合治理，西起小清河的源头睦里闸，东至济青高速公路，全长31公里。从河底到两岸，从清淤到治污，从铺设管线到架设桥梁，从河道疏通拓宽到生态修复改造，从景观设计开发到城市发展规划，小清河的治理逐步走向系统化、现代化。

2019年，小清河治理实现了质的飞跃，建设了湿地公园，增建了世界名桥。目前小清河已成为济南市的景观河，作为泉城新景观，"清河泛舟"吸引了众多游客光临。

第二章

溯源流风云初探
疏河道前赴后继

前章《小清河大事记》以时间为轴，对小清河做了一个纵向概览。从空间上说，小清河有一个明确的源头，也就是我们今天都能看到的"睦里闸"。

"睦里清源"为"槐荫八景"之一，"小河萦九曲，茂木郁千章"的画卷就从这里开始。坐在睦里闸畔，可以看到附近有个"0公里"的标志碑，这也就是官方认定的小清河的起始点。以人为的形式给一条河划定一个起点，在做各种统计数据之时是非常方便的，但同时我们也要想到，此"起点"之前，其实尚有一段标志不明的"隐流"。

济南自古就有"泉城"之称，"七十二泉"名闻天下，这些泉水最终的流向，可就不是谁都知道了，其中大部分，实际上就是流入了小清河。

趵突泉古称"泺源"，从那三眼最著名的泉眼里流淌出来的活水，汇集

小清河源头——济西湿地撷景

附近金线泉、五龙潭等泉水，形成一条小河，名为"泺水"。泺水由济南老城西门下流出，沿西护城河一路向北，最终在五柳岛汇入小清河。

黑虎泉

次之，黑虎泉群的泉水，经东护城河到东泺河，最终汇入小清河；珍珠泉群的泉水，经大明湖，过汇波门，最终也流入小清河。其余诸泉不必细说，千百年来，这些古泉之水日日夜夜奔流不息，供养小清河，让我们想到《红楼梦》里贾宝玉的一句话"女儿是水做的骨肉"，而灵水汇聚成的小清河，也可谓是河中美人，娇艳不可方物了，这在河流史上恐怕是独一份。

小清河是山东省内唯一具有水陆联运、海河联运、农田灌溉、水产养殖等多种功能的河道，小清河济南段流经槐荫区、天桥区、历城区、章丘区，市境内全长70多公里，流域面积接近2 800平方公里。

泉水汇流的小清河可谓"河如其名"。据记载，20世纪初，小清河济南段有鱼40余种，特产有河蚌、溪蟹、田螺、大虾等。沿河设抽水站13处，用以灌溉菜圃、稻田。两岸藕池甚多，盛产莲藕、菱芡。河上多有水闸点缀风景，调节水位，其中最著名的就是五柳岛的五柳闸。

小清河从睦里闸发源，顺流而下，在经过济南国棉一厂北侧的时候，一分为二，绕过河中间的一处小岛，由两侧奔流而去，过而合拢，此处名曰"五柳岛"，有闸随之命名曰"五柳闸"。"五柳岛"是小清河上的第一处河心岛，由东岛、西岛及最西侧的纯天然岛三座小岛组成，占地面积约五公顷。

"五柳闸"始建于唐武德年间（618—626），因为旁边有五棵柳树而得名，并且据我们推测，建闸人实际上对陶渊明是相当熟悉的，陶渊明有《五柳先生传》："先生不知何许人也，亦不详其姓字，宅边有五柳树，因以为号焉。闲静少言，不慕荣利。好读书，不求甚解；每有会意，便欣然忘食……"五柳闸畔与二三知交对饮，让人不得不想到陶先生的千古奇文。

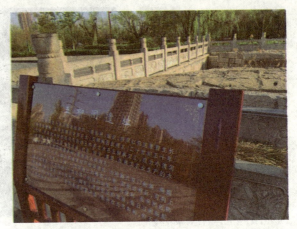

五柳闸遗址

20世纪30年代，小清河工程局任用著名水利学家宋文田设计并主持重建五柳闸坝工程，这也是山东省首次采用现代工程技术和建材修造内河船闸，两扇新闸门取代了旧门，闸门厚近半米，宽约六米，闸坝主体改为混凝土结构，命名为"五柳闸桥"。隔着围栏可以看到旧闸厚重的闸基和半圆形的涵洞，闸基上有两只石雕镇水兽，斑驳古旧而威风犹在。那几棵需要两三人才能合抱的柳树，同样写满了历史沧桑。

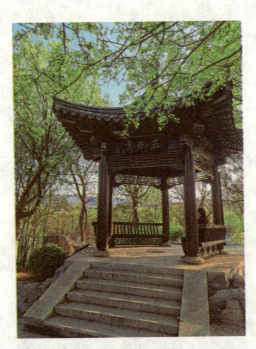

五柳亭

五柳岛最显著的标志，其实并非柳树，而是一座现代雕塑——五柳风帆。"五柳风帆"高23米，利用五柳岛形似一艘巨船的巧妙结构，以五片柳叶的造型合并成风帆形状，让整个五柳岛化作一艘正扬帆起航的帆船。

五柳岛现已建为公园，分为

泺水古埠、娱乐活动区、泺河柳荫区、古船雕塑和游船码头区、垂钓区五个景区，五柳风帆广场、五柳闸遗址、赏翠桥、汇锦阁、洗月亭、沐风亭、酌柳桥、曲桥、清代《重修小清河记》石碑、五柳亭、五柳清波等十多个景点。

岛上还有座中共济南市委重建旧址纪念雕塑，也是非常有名的。雕塑的北侧有党史宣传廊，记载了当年的场景。

从五柳岛东向过桥，南行不过一公里，便到了一座墓园，墓园的主人是一位名人——张养浩。张养浩是汉族人，字希孟，号云庄，又称齐东野人，济南人，元代著名政治家、文学家。他生于元世祖至元七年（1270），一生经历了世祖、成宗、武宗、仁宗、英宗、泰定帝和文宗数朝，历仕礼部、御史台掾属、太子文学、监察御史、翰林侍读、右司都事、礼部侍郎、礼部尚书、中书省参知政事等官职，卒于元文宗天历二年（1329）。

入园，沿着小路曲折前行，穿过石质牌坊，可以看到东西两侧各有一块高大的石碑。西侧的石碑下，有一只高出地面半米多高的驮碑赑屃，石碑上的文字已模糊不清。东侧石碑依稀可辨"元御史中丞赠行中书省平章政事柱国追封滨国公谥文忠张公墓"字样。向北走到最里面便是张养浩墓冢，周边还有四座张氏亲属墓，墓前有石供桌、石香炉等器物。

伫立墓前，有时我们不免想到，在民族对立的夹缝中生存，是多么不易。

张养浩生于济南历城县一户比较富裕的人家。根据他后来的自述作品《双调胡十八》："从退闲，遇生日，不似今，忒稀奇。正值花明柳媚大寒食，齐歌着寿词，满斟着玉杯，愿合堂诸贵宾，都一般满千岁。"可以判断其生日大约在寒食节前后。

至元二十五年（1288），张养浩19岁，曾游济南白云楼，作《白云楼赋》："吁其高哉，兹楼之有如此兮。括万象于宏敞，飞四阿于鸿冥，初疑阳候海底鞭出一老蜃，喷云吐雾，扶舆五色凝结而成形，又疑大鹏九万失羊角，踞兹胜境而不去兮。翼结华鹊之烟雨，背摩霄汉之日星。我来宣郁一登眺兮，众山故为出奇秀，恍然身世游仙庭，凭栏俯视魄四散，耳根但闻风铁音，冷冷上有浮云容。与卧苍狗，下有惊湍，澎湃奔流霆……"白云楼，在元代即为济

张养浩雕塑

南名胜，为张荣所建，原址在今天的珍珠泉旁。《白云楼赋》写成之后，不胫而走，人们争相传抄，最后传到山东按察使焦遂那里。焦按察使读后眼睛为之一亮，破例将张养浩招到衙门叙谈，后来又推荐他做了东平学正。

元仁宗皇庆二年（1313），元明善迁翰林侍讲学士，张养浩以翰林直学士代替元明善。在张养浩、元明善等人的积极推动下，皇庆二年十一月，朝廷下诏将在皇庆四年（1315）举行科举考试。这在元朝历史上可是大事，科举重开，预示着平民百姓也有了从政的机会，为后来明朝代元打下基础。

张养浩可称"诤臣"。元英宗至治元年（1321）正月初七，皇帝打算在宫禁之内张挂花灯做成鳌山，作为元宵节的观赏之物，张养浩听说后上奏左丞相拜住。拜住将奏疏藏在袖子里入宫谏阻，奏疏里面说：世祖执政三十多年，每当元宵佳节，民间尚且禁灯；威严的宫廷中更应当谨慎。皇帝打算在宫禁之内张挂花灯，我认为玩乐事小，影响很大；快乐很少，忧患很多。我希望皇上把崇尚节俭思虑深远作为准则，把喜好奢侈及时行乐作为警戒。

英宗听后大怒，但看过张养浩的奏疏，又转怒为喜：不是张希孟不敢这样说。取消了做鳌山花灯的计划，并下令赐给张养浩钱财布匹，表彰他的正直。六月，时任参议中书省事的张养浩上书辞职，因为父亲年迈，需要奉养，遂还乡。后来，朝廷征召其出任礼部尚书，张养浩固辞。年底，张养浩父亲张郁去世，享年80岁。

元泰定帝泰定元年（1324），朝廷以太子詹事丞兼经筵说书之职召张养浩赴大都任职。张养浩准备赴任，到通州之后，经过一番考虑，又称病请辞。八月，济南汇波楼圮坏，借重修而成的机会，张养浩前去游览，作《重修汇波楼记》。

张养浩为官相当清廉，而且爱民如子。天历二年（1329），关中大旱，赤地千里，朝廷任命张养浩为陕西行台中丞，前去赈济灾民。他隐居后，原本决意再不涉足仕途，但听说此次召他是为了赈济陕西饥民，遂不顾年事已高，毅然应命。在赈灾的过程中，他目睹了百姓深重的苦难，感慨喟叹、气愤难平，除尽力筹措粮食之外，还散尽自己的家财，尽心尽力救灾，终因过分操劳而殉职。他死后，"关中之人，哀之如先父母"（《元史·张养浩传》）。《元史·张养浩传》中载："天历二年，关中大旱，饥民相食，特拜张养浩为陕西行台中丞。登车就道，遇饥者则赈之，死者则葬之。"

在"关中大旱"之际，张养浩写下了那首千古名作《山坡羊·潼关怀古》。

山坡羊·潼关怀古

峰峦如聚，波涛如怒，山河表里潼关路。望西都，意踌躇。

伤心秦汉经行处，宫阙万间都做了土。兴，百姓苦；亡，百姓苦！

张养浩去世后，归葬故里。这一带称云庄，是张养浩的祖居之地。张养浩在《云庄记》中讲道，自己的家乡多名山名泉，城北十数里的地方，就是自家的先茔，于是在先茔旁择址，构筑了云庄居住。

"云庄"，取自唐代书法家李邕的诗句："泰山雄地理，巨壑眇云庄。"

张养浩故居

云庄有梨、杏、桃、柿树，是张养浩祖父张山所植。张养浩把这片树林命名为"雪香林"，林边建"绰然亭"，亭前有"云锦池"，亭东有"处士庵"，云庄正厅则取名为"遂闲堂"。收罗十块太湖石，号称"十友"，分列园中。其中，龙、凤、龟、麟四大灵石尤为著名。

这些奇石在后世逐渐分散，"十友"天各一方，不复重聚。《济南文史》上曾刊载过徐家茂先生所写的一篇文章，记述了济南境内几块太湖石的"流浪"踪迹。

其中有一块名"待月峰"的奇石，在溪流环绕的趵突泉公园尚志堂院内，石高近两米，形态古朴清秀、精巧玲珑。"待月峰"原是宋代遗石，石瘦而呈细长状，有多个洞穴，似各种月形，夜深月光透过洞孔洒在地上，形态多变。有诗赞咏："精灵俊秀玉玲珑，神工鬼斧浑然成。一年三十六轮月，变幻俱在此石中。"

"待月峰"原在济宁市人民公园内。1979年，趵突泉公园唐家隆、贾祥云带领职工赠送安装"八仙过海"灯组时，看到人民公园鹰笼里立着一块布满鸟粪及泥土的石头，形态奇异，极有观赏价值。灯组装好后，济宁人民公园一方提出愿回赠物品以示感谢，征求唐、贾意见时，他俩顺口说出："那就给俺块石头吧。"对方欣然答应，遂装车运回济南。

石头在趵突泉尚志堂院安置好后，济宁又派人来，说这是当地志书记载的历史名石，要求收回。后几经协调，来人看到奇石安置在省城公园，更利于展示奇石身价，也考虑到此石筋络纤细、洞多通透，往返装运难保不受损伤，遂

张养浩故居奇石

表示忍痛割爱，不再收回，同时向公园详细介绍了奇石的名称和历史。

"夔石"在尚志堂东山外北侧，东临老金线泉。石高1.5米，宽0.75米，底部镌"夔石"铭刻。"夔"为古代传说中的独足兽。因此石形状奇特，有单足，昂首，吼天之势，形似"夔"，故得此名，为济南名石之一。

这块太湖石原在济南卫巷一古旧的居民住宅院内。"文革"中，人走院空，房屋倒塌，"夔石"被遗弃在街旁的公共自来水站旁。趵突泉公园一位职工，路经此处时看到半掩埋在地下的石头，形态奇特，有观赏价值，于是移置在趵突泉公园，配植青松、翠竹，成为园林中的独特景观。

济南原来北郊地区的北园洼地是一片水乡泽国，华山周围是烟波浩渺的华山湖，小清河通航之后，北园洼地的积水和华山湖的湖水随其东流入海，这一广阔的区域，变成众多藕池和千顷稻田，不但增加了农业收益，同时也加强了与山东半岛的物资交流，特别是食盐运输。

元代有一位著名的方志编纂家、历史地理学家兼文学家，名于钦（1283—1333），字思容，祖籍文登，后定居山东益都。少年时曾游学于吴地。他才思敏明，博学多闻，一些饱学之士皆"折节与交"。集贤大学士郭公贯、浙江平章高公昉，最了解和佩服他的品行和才能。延祐六年（1319），于钦以非凡的才干被授予推西廉访使者书吏，未数月，擢升为山东廉访司照磨。其时适逢山东一带连年大饥荒，他体恤民情，曾行至滨、棣两县，见百姓生计艰窘，嗷嗷待哺，遂开仓济民，按人口补给。百姓受惠，免受饥寒和流离失所之苦。他还奉命赈恤济南六县。他劝令富户出粮赈灾，以致触动权要，而被宪司以"出粟太多，赈济太广"为借口，加以责问。当时饥民卖儿鬻女的很多，于钦到处查访，尽力为他们赎回。有的同僚攻击他这样做是"违反常例，沽名钓誉"，他置之不理。

于钦精于方志，他认为，诗可以"陶冶性情"，但真正"有关于当世，有益于后人"的事，莫如"著述以彰显"，修志以传世。他看到古代各地均有志书，唯山东多兵难，古代志乘荡然无存，遂立志撰修齐地志书。他经常对人说："吾生长于齐，齐之山川、分野、城邑、地土之宜、人物之秀、此疆彼界，不可不纂而记之也。"

由于长期在山东任职，他"周览原隰，询诸乡老，考之水经、地记、历代沿革，分门别类，为书凡六卷，名之曰《齐乘》"。历代对《齐乘》都"推挹备至"。《四库全书总目提要》评价《齐乘》："是书专记三齐舆地，凡分八类：曰沿革、曰分野、曰山川、曰都邑、曰古迹、曰亭馆、曰风土、曰人物……援据经史，考证见闻，较他志之但采舆图，凭空言以论断者，所得究多，故向来推为善本。"清代学者纪晓岚对《齐乘》的评价很高，说它"叙述简核而淹贯，在元代地志之中，最有古法"。

于钦在《齐乘》中记载："泺水：源曰趵突，流曰泺，东导曰小清。曾南丰《齐州二堂记》曰：泰山之北与齐之东南诸谷之水，西北汇于黑水之湾，又西北汇于柏崖之湾……而至于渴马之崖，则泊然而止。今黄山下自崖以北，至于历城之西，盖五十里，有泉涌出，高或致数尺，名曰趵突之泉。齐人谓，尝有弃糠于黑水湾者，见至于此。其注而北，则谓之泺水。春秋桓公十八年，会齐侯于泺是也。今府城西，平地泉源霡涌，雪涛数尺，声如隐雷。旁合马跑、金线诸泉，周可数亩。北出，又合蜜脂、五龙众泉，并城北流，屈而东至城北水门，大明湖水出而注之。东北至华不注山，合华泉。即齐顷公如华泉取饮者。《三齐记》云：'历山下有无底井，与此泉通。山之西南，引水溉田。《水经》谓之历水陂，余波西注大清，曰听水，即今响河。古渫水自华不注山东北，入大清河。伪齐刘豫乃导之东行，为小清河。自历城东，经章丘、邹平，又东经般阳之长山、新城，又东经高苑，至博兴，合时水，东北至马车渎入海，曲行几五百里，故自济南东传博兴南源众水古入济者，今并入小清焉……'"

"淤废"是小清河遇到的最大问题。清光绪年间的整治，是古代对小清河治理最为成功的一次。据史书记载，光绪十七年（1891），山东巡抚张曜，指令当时任登莱青兵备道的盛宣怀调集十万余名民工治理小清河。

但在当年的七月，认真负责的张曜在黄河上监工之时，忽然"疽发于背"，病势汹涌，不久即不治身亡。济南人民感其恩德，在他死后不久尊他为"黄河大王"，而他所督导的小清河整治工程，历经近三年时光，方得竣工。在治理中，通过疏浚、宽展、筑堤抬湾等工程措施，小清河基本定型。从济南黄台至海口羊角沟全线贯通，使中断航运170余年的小清河再次恢复通航，流域内水灾大有减轻。

光绪三十年（1904）、三十一年（1905），在历城县睦里庄新建了水闸，引玉符河水东流，经吴家堡与柳塘河合流，再经香闸村东过林家桥入小清河。至此，小清河的上源已经形成，直到中华人民共和国成立后小清河济南段仍保持这一面貌。

清末民初，是

护城河

旧时小清河运输繁盛的时期。那时的小清河，从下游的寿光，往上游运盐、粮食、食用油、白菜和济南纱场纺织用的棉花，往下游运的则是烟、酒、糖、茶等日用百货及建筑材料之类。

沿河的主要码头，从济南开始，主要有黄台、魏家桥、陶唐口、岔河、坡庄、湾头、石村、羊角沟等，而在济南市里，还有几个自然形成的码头或稍加石砌的码头，如标山、成丰桥、板桥、北关铁桥、太平湾西门等。

20世纪20年代至30年代，小清河的船只可以顺流而上直达济南西门桥下。当时西门外护城河的水位很高，河中可以并列两排船，从桥下往北前后连接不断，山东造纸厂东厂的门前船只停泊之后，把跳板搭在岸上，可以随时装卸货物。从岸上可以清楚地看到船上的人在船头做饭，可以看到船工们用拖把打扫船舱。

一般说来，济南的货船，运的大都是木材或截成一段段的木材和大白菜，济南开往下游的船，多半运煤炭、面粉等，当然也不乏从西门外放空回去的船只。西门护城河的水位从20世纪30年代就已经开始下降了，韩复榘执政期间，

珍珠泉

1930到1938年，为了保证小清河船只顺利来往于省城，于1934年重修了北郊的五柳闸。修成之初尚能勉强通行，但随着河水水位继续降低，关闸蓄水也无济于事，后来外地来济南的船只，就只能停泊在济南东北郊的黄台桥码头，再也到不了西门桥下了。

珍珠泉大院的河湖之水一支流向文庙，另一支从西北角暗沟流过院后街（还有一支从东北角流出，20世纪50年代东北角院墙处尚有洗衣明渠，又沿暗渠入珍池，然后过八旗会馆，蜿蜒从地下入大明湖），从曲水亭街南端变成明河。暗沟有两条石渠，另一条石渠的水来自王府池子。王府池子的流水穿墙过户，从西更道街北头刘氏泉处钻入暗渠。两股水流合在一起，沿曲水亭街潺潺北流。有人称之为曲水亭河，其实准确地说应叫玉带河。

河水沿曲水亭街北行，穿过百花桥，在百花洲处一分为二，一股泻入百花洲，另一股西拐从地下穿过曲水亭街北头，旋向北汇合文庙玉带河流来之水北去。左顺泮壁街，右傍百花洲，直至大明湖牌坊处拐弯向西，在这里，又有一条小河从司家码头过老正谊中学西来汇合。玉带河与大明湖两水夹岸，西到遐园才分开。遐园内的小河本来就叫玉带河，它从遐园东南角西流，至明漪舫沿金丝榭长廊北去，穿玉佩桥又往东，过抱璧堂，绕浩然亭处假山，蜿蜒北入大明湖。

济南小清河流域有大大小小的支脉20余条，分布在济南槐荫区、天桥区、历下区、历城区和章丘区。小清河出济南之后，支流更多，选介如下：

巨野河，又名巨冶河、巨河水、龙山河、抬头河、全节河、遥墙河，这是一条古老河道，北魏《水经注》有载。该河源于历城县西营镇与彩石乡接壤处跑马岭之阴拔槊泉、玉河泉，北流经虎门、潘河崖、大龙堂至两岔河村，与西南宅科峪水相汇，再向北经孙村镇抬头河，右纳关卢水、武原水，汇入章丘杜庄水库，而后向西北流，至历城董家镇潘新村复入历城县境，经唐王镇纸坊、司家和遥墙镇陈家岭、东河北等村，在鸭旺口村西入小清河。全长48公里，流域面积380平方公里。

全福河，源于郊区姚家镇龙洞庄西狸猫，北流经中井庄、下井庄、姚家庄，向北称窑头大沟、七里河，至全福庄始称全福河，经历城县殷家小庄，至板桥西入小清河。全长11公里。

大辛石河，又名大辛河，源于龙洞庄以南诸山谷，向北经孟家庄、石河岭、十里河庄，至大辛庄西向北入小清河，长22公里。上游是山体，到龙奥大厦段为地上河，过了龙奥大厦至新泺大街多为棚盖区，即暗河，暗河上多为绿化植物或土方。

龙脊河，发源于历城区港沟镇，穿过高新区、历下区、历城区后流入小清河，是一条重要的防洪排涝河，由主沟、西支沟、东支沟三条河道组成，总长约20公里。龙脊河经过工业南路南侧的义和庄义和贸易市场东侧，经过工业南路后，在路北便成了暗渠。直到工业北路南侧的王舍人镇附近，龙脊河才又钻出地面。其中龙脊河主沟南起山东建筑大学，向北穿越世纪大道、济南炼油厂、工业南路、王舍人村、工业北路等路段后接入小清河。龙脊河支沟位于主沟东侧，在王舍人村汇入龙脊河主沟，长度约3公里。

韩仓河，亦称石河，发源于燕棚窝以南的诸山谷，向北经东梧、港沟、章灵丘、韩仓、梁王庄，至曲家庄以东入小清河，长约25公里。章灵丘以南的河床，最宽处达1 000米，河底由砾石组成。章灵丘至梁王庄的河床宽35米左右。梁王庄以北河段地势平缓，河床断面呈矩形。该河系山区雨源河流，为缓流山洪和灌溉农田，在上游修建了燕棚、港沟水库。

赵王河，又名刘公河、土河、杨家石河，源于港沟镇南部丘陵。主河自王舍人镇川流村东，向北经董家镇曹官庄、遥墙镇四风闸，在鸭旺口入小清河，长7.5公里，其中四风闸至小清河一段长2公里，为赵王河下游，又称龙王沟。主河上接刘公河、土河、杨家石河。三条山洪河道，为赵王河上游。总长69公里，流域面积150平方公里。

西巴漏河，发源于章丘南部山区的垛庄镇四角城北坡，有二十几眼泉水组成，汇集垛庄、文祖长城岭北麓洪水，浩浩荡荡，绵延69公里，主河流经埠村、圣井、枣园、双山等街道办事处，至绣惠镇金盘村汇入绣江河，其中从埠村至朱各务水库段，又称绣源河。河道底部多为鹅卵石和黄土结构，漏水性极强，故名巴漏河，除雨季外，河道内无径流。

绣江河，亦称蒙河，金盘以上原称玉带河。其因水藻浮动、水纹如绣得名。绣江河源头泉眼属常流河。绣江河上游称西巴漏河，发源于章丘区垛庄镇南长城岭。经明水东门锦江桥，北流至章丘绣惠金盘村西北，与百脉河合，以下始称绣江河。绣江河又北流，于章丘区辛丰村北由右岸注入小清河。绣江河至西巴漏河主干河道总长88公里，绣江河河长88公里，流域面积670平方公里。

漯河，古称獭河，亦称杨绪沟，现又称杏花河。其上游称东巴漏河，自相公庄街道寨子村南"龙湾头"以下河段始称漯河，属常流河道。《齐乘》载："獭河出长白山之王村峪，径章丘东北入小清河。"《章丘乡土志》记载："獭河，在县（今绣惠）东五里。獭河源出野狐岭之石门村，北流，经石棚庄南，右纳黄花、滴翠二泉水，左纳五岔沟水，折而西，至普集镇北，右纳玉泉、古海泉、不竭、师公诸泉水，左纳七女泉、小岔河；又西，至博平镇南。左纳砚池、芙蓉沟、南盘泉水，右纳玉液、北盘泉诸水；又西北，流至相公庄西北龙湾，右纳天台峪水；又北，流经房庄、东皋庄间，右纳车门峪水，左纳滋泥沟长流。又北，经石家堰、山头店东，右纳上方井、圣泉水。又西北，经玉皇顶西、刁家庄中，北流入万家口。其经流至柳塘东南，入小清。"东北流至桓台县金家庄北，由右岸注入小清河。河长近100公里，流域面积1 200平方公里。

孝妇河，位于普集街道东北部瓦屋、孟白一带。出境后，沿邹平和周村区边界，于邹平长山街道入孝妇河，境内河段长10公里，流域面积12平方公里。

淄河，又称淄水或淄江。齐故城因临近淄水，由此而得名临淄。经淄博市博山区、临淄区，于白兔丘北入东营市广饶县境内，在大码头镇北堤村西入小清河。《续修莱芜县志》载：淄水发源有三，源出麻峪者为最大。上源有石马、南博山、夏庄、池上四条河流，皆在莱芜境内。前三条又称西淄河，后一条又称东淄河。其中以石马河最长，为淄河正源。石马河发源于莱芜和庄乡望鲁山西麓无名高地的大英章支沟，自西向东流，在博山谢家店大桥与南博山河、夏庄河两大支流汇合，此支流从发源地至博山出界口全长43公里，又东北流，至博山泉河头东北与东淄河汇合，又东北流进入淄川区境。

乌河，源出临淄区大武乡南部山区，经桓台，至博兴县金家桥闸下入小清河，山东省内河长86公里，流域面积近1 000平方公里。

预备河，源自麻大湖东岸，经博兴，至广饶县大桓村南入小清河。山东省内河长42公里，流域面积450平方公里。

塌河，上游有织女河等11条支流，干流自寿光市郑家堰村东北阳河入织女河口起，东北流至八面河村东入小清河。山东省内河长28公里，流域面积1 650平方公里。

织女河，又称裙带河，源出临淄区东部山区，经广饶，至寿光市巨淀湖农场东南入塌河，流域面积760平方公里。

益寿新河，西起青州市周家村西南乌阳沟，至寿光市巨淀湖农场东南入塌河，河长28公里，流域面积300平方公里。

东猪龙河，古称郑潢沟，发源于桓台县张店区沣水南，从张店区朱家庄北入境，南北流向。经果里、唐山、邢家三个乡（镇），穿过跃进河注入小清河。境内长24公里，流域面积880平方公里。

胜利河，由邹平市吕家庄利群闸分出，从胡马村西南入境。原河道在西辛村南折转东北入小清河，1966年改道于西辛村西北入小清河，南北流向。境内长近4公里，流域面积27平方公里，属人工开挖的季节性河流。

马踏湖，位于桓台县境东北部，小清河南岸，桓台与博兴两县交界处，地处泰沂山脉北麓山前洪冲积与黄泛冲积平原的迭交凹地。以荆（家）夏（庄）公路（俗称馑饥岭）为界，路南为锦秋湖，路北为马踏湖，因两湖彼此衔接，融为一体，故统称为马踏湖。湖区水源由乌河、孝妇河、东猪龙河、西猪龙河、杏花河等河流汇集而成。每逢汛期，湖区盛涨之水，不能宣泄。康熙五十八年（1719）始在湖区中心，人工开挖一条东西向的预备河，长8公里，流域面积120平方公里。

西猪龙河，原系郑潢沟支流，南北流向，南起新城三岔湾，北至傅桥村西北注入孝妇河二支流。境内长8公里，流域面积250平方公里。1985年，始引萌山水库孝妇河水，经此河注入马踏湖。

涝淄河，发源于淄川区玉皇山，从张店区王庄北入境，经果里乡境，在索镇三岔湾注入乌河。境内长近9公里，流域面积120平方公里。

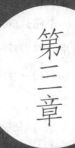

第三章

鹊华烟雨领风骚
北园留情季羡林

老兔寒蟾泣天色，云楼半开壁斜白。

玉轮轧露湿团光，鸾佩相逢桂香陌。

黄尘清水三山下，更变千年如走马。

遥望齐州九点烟，一泓海水杯中泻。

——[唐]李贺《梦天》

　　一个民族的出现和发展离不开良好的水源，一座城市也是这样，济南自古以来泉水淙淙，水量水质都特别好。城外的济水和清河，与城内的泉水一起，构建出一个中国北方城市少有的水生态环境，也孕育了济南独具特色的灿烂文化。

　　流水带来的泥沙将清河的河床淤积、抬高，导致济南城内的泉水排泄不畅，渐渐滞积在北部的鹊山和华山周围，形成了一个浩瀚的鹊山湖。鹊、华二山被河湖环抱着，每逢阴雨时节，烟云缭绕，形成了"鹊华烟雨"的独特景观。

　　鹊山湖有"莲子湖"的美誉，就像一个硕大而美丽的花盆，盛开的荷花争

鹊华烟雨

奇斗艳，风起时满城荷香，吸引了无数文人雅士，在相当长的历史时期内，此处都是人们首选的旅游胜地。由大明湖泛舟东游，直达鹊、华山下，一路水光山色，让人逸兴遄飞。

古典名著《红楼梦》第四十六回《尴尬人难免尴尬事　鸳鸯女誓绝鸳鸯偶》，发生了一件极为有趣同时也极为悲惨的事情。贾府"大佬"贾赦看上了贾母的丫鬟鸳鸯，央邢夫人去当说客，鸳鸯听后不表态，贾赦又转而命鸳鸯的嫂子重新去说。

鸳鸯的嫂子听到吩咐，心花怒放，比捡了个大元宝还开心，转头又蹦又跳地去找鸳鸯。鸳鸯正和好姐妹平儿、袭人谈论怎样回绝这门亲事，嫂子兴冲冲进来，拉着她的衣袖："你快跟我来，横竖有好话跟你说。"

鸳鸯一听便道："可是大太太和你说的那话？"她嫂子笑道："姑娘既知道，还奈何我！快来，我细细地告诉你可是天大的喜事。"鸳鸯听说，立起身来，照她嫂子脸上下死劲啐了一口，指着她骂道："你快夹着嘴离了这里，好多着呢！什么'好话'！宋徽宗的鹰，赵子昂的马，都是好画儿。什么'喜事'！状元痘儿灌的浆儿又满是喜事。怪道成日家羡慕人家的丫头做了小老婆，一家子都仗着她横行霸道的，一家子都成了小老婆了！看得眼热了，也把我送在火坑里去。我若得脸呢，你们外头横行霸道，自己封就了自己是舅爷；我要不得脸败了时，你们把王八脖子一缩，生死由我去！"

后来还是贾母大发脾气，给解了围。经过此事以后，贾母给了邢夫人一个至为得当的评价："也贤惠太过了些！"

作为贾府的"老祖宗"一刻也离不了的人，鸳鸯骂人是极有水平的，可说是一石三鸟、夹枪带棒，抢得嫂子摸不着北。我们注意到鸳鸯的话里有一句"宋徽宗的鹰，赵子昂的马，都是好画儿"，这挺有意思。宋徽宗不必说，要说"鹊华烟雨"的历史，"赵子昂"此人可说是绕不过去的。

赵孟頫（1254—1322），字子昂，号松雪道人，又号水晶宫道人、鸥波，中年时曾署孟俯，浙江吴兴人，南宋末至元初著名书法家、画家、诗人，宋

赵孟頫

太祖赵匡胤十一世孙、秦王赵德芳嫡派子孙。累官翰林学士承旨、荣禄大夫。晚年逐渐隐退，后借病乞归，至治二年（1322）逝世，享年69岁。获赠江浙中书省平章政事、魏国公，谥号"文敏"，故亦称"赵文敏"，著有《松雪斋文集》等。

赵孟頫博学多才，能诗善文，懂经济，工书法，精绘画，擅金石，通律吕，解鉴赏。尤其以书法和绘画成就最高。明人王世贞曾说："文人画起自东坡，至松雪敞开大门。"从这里就可以看出赵孟頫在中国绘画史上的地位。在绘画上，他开创元代新画风，被称为"元人冠冕"；亦善篆、隶、真、行、草书，尤以楷、行书著称于世。其书风遒媚、秀逸，结体严整、笔法圆熟，创"赵体"书，与欧阳询、颜真卿、柳公权并称"楷书四大家"。

赵孟頫自幼聪敏，读书过目不忘，下笔成文，写字运笔如风。14岁时入补官爵，并通过吏部选拔官员的考试，调任真州司户参军。南宋灭亡后，赵孟頫一度蛰居在家，拜老儒敖继公研习经义，学业日进，声名卓著。经学主治《尚书》，尤精于礼、乐之学。对律吕之学也有精深研究，颇得古人不传之妙，著有《琴原》《乐原》各一篇。篆法尊《石鼓》《诅楚》，隶书法梁鹄、钟繇，行草崇二王（王羲之、王献之），晚年又受李邕影响，各种书体，冠绝古今，天竺、日本均以收藏其翰墨为贵。他还精于古器物、书法、名画的鉴定，有关年代、作者、真伪，望而知之，百不失一。

赵孟頫精于画马，所以"赵子昂的马"成了民间"好画"的代名词。据说他在画《浴马图》的时候冥思苦想，日思夜想怎么把马画得再生动一点，怎么想也想不出来。结果有一天午睡的时候，在梦里也在想马。他夫人看他一直睡不醒，就去叫他起床。夫人到了屋里，看到床上卧着的"东西"，大惊失色，猛叫一声，几乎背过气去。赵孟頫被叫醒，问夫人怎么回事。他夫人说："我看到在床上的不是你，而是一匹马。"赵孟頫非常奇怪，明明是自己在床上躺着，怎么就成了一匹马呢？后来得到高僧的指点，他才恍然大悟："世间万物唯心所现，心想马时，心即是马。"

元贞元年（1295）秋天，赵孟頫登临历山。石阶旁古树夹道，遮天蔽日，一路只闻鸟鸣。站在历山之巅，方可一睹济南城全貌。唐代段成式在《酉阳杂俎》中道："历城北二里有莲子湖，周环二十里。湖中多莲花，红绿间明，乍疑濯锦。又渔船掩映，罟罾疏市，远望之者，若蛛网浮杯也。"

明人王象春有诗曰："万岫千岩济水蟠，如屏孤逗出河干。秋高乌鹊翔何事，霄汉空疑斗女寒。"刘勅《咏鹊山》诗云："西北开青嶂，无峰山自奇。桃李春开日，楼船水涨时。"

睹此美景，赵孟頫心有所动，加上朋友周密的怂恿，后来，中国绘画史上赫赫有名的《鹊华秋色图》诞生了。

题跋曰：公谨父，齐人也。余通守齐州，罢官来归，为公谨说齐之山川，独华不注最知名，见于左氏，而其状又峻峭特立，有足奇者，乃为作此图，其东则鹊山也。命之曰鹊华秋色云。元贞元年十有二月。吴兴赵孟頫制。

400多年之后，此画辗转流传，被人呈献给乾隆皇帝，成为宫中珍品。乾

赵孟頫《鹊华秋色图》

隆下江南经过济南时，曾站在大明湖畔的鹊华桥，极目北眺，观赏鹊山、华山美景，其时猛然想起宫中珍藏的《鹊华秋色图》来，立即派人快马驰奔北京取画来观。这充分展示了帝王的任性。

君命如山，被迅速执行。画取来之后，乾隆皇帝展卷细玩，附庸风雅。看了半天，最后竟然发现赵孟頫在题跋中将鹊、华两山的方位说反了，不禁欣然色喜。

乾隆抓住大画家赵孟頫的一时之失，紧紧不放，先后多次题跋《鹊华秋色图》，并反复提到赵孟頫的失误，以证自己的英明睿智，得意之情溢于言表。乾隆兴致大发，还即兴赋鹊华桥诗一首："大明岂是银河畔，何事居然驾鹊桥。秋月春风相较量，白榆应让柳千条。"

今日的鹊华桥坐落在大明湖公园东南门鹊华路的南端，从"众泉汇流"牌坊可以看到一座古朴淡雅的汉白玉石拱桥，像一条玉带横卧在碧波之上，端庄秀丽。桥长64米，桥面宽8米，五孔联拱，构造精巧，形制美观。桥的两侧雕刻有精美的栏板和望柱，均由花岗岩石构造，石栏板为镂空石雕，石栏柱头为云龙浮雕，整座桥工艺精巧，令人叹为观止。

就在乾隆吟了鹊华桥诗后不久，归京途中皇后病故，乾隆潸然泪下悲伤不已。伤心之余，他大为懊恼，认为是自己在鹊华桥上写的诗不吉利，应了牛郎、织女相爱却分离的故事，而勾起他诗兴的就是《鹊华秋色图》，此画是罪魁祸首。乾隆皇帝当即下令焚烧《鹊华秋色图》。随行文武官员百般苦劝：此画流传几百年，更得来不易，一旦焚毁，岂不被后人唾骂？乾隆随即下旨："朕发现古人之画有失实之处，本该将此画焚毁，以免误我大清之战事，但念此画流传几百年，更得来不易，权且将此画收入大内，永久封藏，任何人不得观赏。"就这样，《鹊华秋色图》被打入了冷宫。

《鹊华秋色图》却也大有来历。周密（1232—1298），字公谨，号草窗，又号霄斋、蘋洲、萧斋，晚年号四水潜夫、弁阳老人、弁阳啸翁、华不注山人，宋末曾任义乌令等职，南宋末年词人、文学家。祖籍济南，先人因随高宗南渡，流寓湖州，置业于弁山南。一说其祖后自湖州迁杭州，周密出生于杭州。宋宝祐（1253—1258）年间为义乌县令。景定二年（1261），任浙西帅司幕官，咸淳初为两浙运司掾属，后监丰储仓，又知义乌县。宋亡，入元不仕，隐居弁山。后家业毁于大火，移居杭州癸辛街。

周密善诗词，能书画，雅好医药。他的笔记集《齐东野语》《志雅堂杂钞》《癸辛杂识》《武林旧事》等，多载当朝史事传闻、杏林逸事、民俗风情，是研究宋代文化史的珍贵索引。书中所载录的医事制度、医家史料、典籍训释、养生知识、各科医案，特别是治病疗疾的验方效剂，多为作者搜集、使用后的验证，大都真实可信。其作品勤于辑录宋代文献。家藏图书极富。父周晋，积累旧书有四万卷。自称：家有三世积累，凡有书四万两千余卷及三代以来金石之刻一千五百余种。建藏书楼为"书种堂""志雅堂""浩然斋"等，常校雠其中。所著《齐东野语》亦简介历代藏书故实，对研究唐宋藏书史实有参考价值。编纂有《书种堂书目》《志雅堂书目》，惜已早佚。

赵孟頫是赵宋皇族，出生在吴兴。周密和赵孟頫父子两人都是朋友，皆为一时名士，所以相知甚深。在两人交往中，赵孟頫多次向周密叙述济南景色绝美、民风朴实、泉水丰盛，这更引起了周密对家乡浓厚的思念之情。

有一次，两人和几位好友喝酒作诗。大家谈笑风生，说起曾经游历过的名山大川，赵孟頫盛赞济南山水之胜。谈及鹊山和华不注山，一个浑圆敦厚，一个尖耸入云，两座山峰形态迥异，穷尽山之峻美巍峨，使在场的人为之神往。听了赵孟頫的描述后，周密对济南更加产生向往之情，遂央求赵作幅画，以补其未曾涉足故土之憾。赵遂凭着记忆描画起济南华不注山和附近鹊山的秋天景色，他一边画，一边给周密介绍济南的山水、民俗风情，并题上"鹊华秋色"四个字。

此画向为画史上认定为文人画风式青绿设色山水。两座主峰以花青杂以石青，呈深蓝色，这与洲渚的浅淡、树叶的各种深浅不一的青色，成同色调的变化；斜坡、近水边处，染赭，屋顶、树干、树叶又以红、黄、赭，这些暖色系的颜色，与花青正形成色彩学上补色作用法，运用得非常恰当。

画中平川洲渚，红树芦荻，渔舟出没，房舍隐现。绿荫丛中，两山突起，

华不注山今景

山势峻峭，遥遥相对。作者用写意笔法画山石树木，脱去精勾密皴之习，而参以董源笔意，树干只作简略的双钩，枝叶用墨点草草而成。山峦用细密柔和的皴线画出山体的凹凸层次，然后用淡彩，水墨浑染，使之显得湿润，草木华滋。可见赵氏笔法灵活，画风苍秀简逸，学董源而又有创新。

中国画自唐宋以来，趣味和风格发生了剧烈的变化。从吴道子"画龙点睛""画猫避鼠"这类故事中，折射出的是背后隐含着的写实画法。我们也可以从流传的顾闳中《韩熙载夜宴图》中看到那个时期绘画的写实性，这个传统在五代后唐的宫廷，以及北宋初年的宫廷画院里，由黄荃、黄居寀父子等人为代表，表现为"院体画风"，这是那个时代的主流画风。后来宋徽宗依然崇尚这种写实的风格，并将之与"格物致知"相连接，认为这是认识客观真理的一个方法。艺术有了哲学的依据，尤其重要的是有了徽宗皇帝的推崇以及亲力亲为的带动和督导，院体画出现了一个高峰。

在北宋，院体画风之外，在野的画家也在完成和塑造自己的画风，但是写实也仍然是主流画风。比如范宽的《溪山行旅图》，雄壮巍峨，山体紧致坚实，立其画前，北方的山林之气扑面而来。其他北宋有影响的山水画家，如山东营丘李成、陕西长安关全以及后来也入了画院的郭熙等人的画作，也都有十分写实的一面。

及至南宋，山水画风为之一变。这和画家所处的环境应当有相当大的关系。我们看到的南宋山水画，范宽那种巍峨、厚重不见了，代之而起的是秀美和烟雨朦胧，因为此时北方已经沦为金人的领地，画家所见已是南方的潮湿和灵秀。大宋支离破碎，只剩半壁江山，这给画家的心理带来很多变化。马远祖籍山西，其祖父追随朝廷南迁，所以马远出生并成长于杭州，与当地人夏圭所见景物已没有什么不同。虽然夏圭这个地道的南方人也曾师法过北方的范宽，但夏圭的画作烟雨空蒙。和马远一样，他们的画面中再没出现过北宋时期全景式的景色，而是留有大量的空白，有"马一角""夏半边"之称。

这种变化与其说是艺术上的演变，不如说是时势变迁而带来的心情上的变化。

宋亡时，赵孟頫才二十几岁，朝廷没了，他的官职自然也没了，一度赋闲在家，他的生母仍不断催促他认真读书，以作将来为官的资本。在他的家庭看来，舍此也无其他出路。

在吴兴的诸多学友中，赵孟頫是年龄比较小的，唯独身份有点特殊，他受征召入元为官，自然有他的考虑，但其心情亦相当复杂。站在汉人和赵宋皇族的立场上，可以说江山尽失，山河易色，面对山山水水，细致描摹已然没有了意义，但是这门技艺却是承继自珍爱的文化传统，所以他不能放弃绘画，但是画什么、怎么画却是个问题。我们从他的画中可以看到，他画的不过是他心中的山水。无论对周密，还是对他自己，故乡只是心中的故乡，现实中回头，他们已经永远没有了故乡。《鹊华秋色图》不过是份依恋，是个回忆。他要给周密的不过是一份心中的眷恋，鹊山在东，还是在西，已然不重要了。我们在赵孟頫的这份"不辨东西"里，也看到了他自己内心的恍惚。

周密的一位道士朋友，俗家名张雨，见过这幅画，也熟知周密的为人，在他的诗集里有一首和《鹊华秋色图》有关的诗作。百年之后，为某人发现，求其友董其昌抄录下来，作为这幅画的跋，我们今天在《鹊华秋色图》上依然可以看到：

> 弁阳老人公瑾父，周之孙子犹怀土。
>
> 南采寄食弁山阳，梦作齐东野人语。
>
> 济南别驾平原君，为貌家山入囊楮。
>
> 鹊华秋色翠可食，耕稼陶渔在其下。
>
> 吴侬白头不归去，不如掩卷听春雨。

美术史家从艺术专业的角度，更多的是看到了这幅画中文人画的气脉以及来自王维的影子，后世之人将唐代的这位诗人视为文人画的肇始，盖因其画作并非对客体的细致描摹，而重于心情的表达。王维中年时赶上了"安史之乱"，无论他的诗还是画，都有明显的避世倾向。他的诗在当时就极受推崇，但他的画作在当时以及北宋之时，却只被视为二等，不被视为上佳之作，后来经苏轼的推崇才受到重视。赵孟頫的画作刻意要追摹唐人古意，重要的就是他所寻求的也是心灵的表达，而非现实的写真。这份唐人古意，或许正是他内心的故乡，也很难说不是他内心对现实的抗拒。

济南北部好大的鹊山湖，逐渐演变成水陆相交的浅滩湿地，继而引发了政治经济文化的一系列改变。浩瀚的湖水已经不见，代之以流水潺潺。

如今，在大明湖超然楼顶层的展厅里，有一巨幅放大的电子动态版山水画《鹊华秋色图》：时而是画中人在垂钓、打鱼，时而是渔民之间相互打着招呼，时而是田间的农夫正在忙碌耕作，时而是已经做好晚饭的妻子呼唤丈夫归家……

在济南最热闹的商业街里，既荟萃了当今各地的名优小吃，也保存着这座千年古城的遥远记忆。小清河的水流传递着鲜明的理想与文人的追求，也延续着生命的力量和文明的更替。

北宋诗人黄庭坚也和小清河结下了不解之缘。

黄庭坚擅文章、诗词，尤工书法。早年受知于苏轼，与张耒、晁补之、秦观并称"苏门四学士"。其诗与苏轼并称"苏黄"，有《豫章黄先生文集》；

其词与秦观齐名，有《山谷琴趣外篇》；其书法精妙，与苏、米、蔡并称"宋四家"。

黄庭坚本是江西修水人，不仅未在济南做官，也未曾莅临过济南。但他在舅父李常为官齐州后，常从他处听说济南山水名胜，从而大为向往。在《次韵寄李六弟济南郡城桥亭之诗》中，

黄庭坚

黄庭坚表达了想立即到美如江南的齐州，但因公事缠身，又怕失掉饭碗，总是脱离不开的矛盾心情，"济南似江南，旧见今不疑。洗心欲成游，王事相夺移。驽马恋栈豆，岂能辞縶缧……"在这首诗中，黄庭坚还幻想到济南，"矫首历下亭"，赏美景，趁佳兴，"不醉定自非"。他还赞美济南郡治清明，蚕麦丰收，百姓安居乐业。

此外，黄庭坚《伯氏到济南，寄诗颇言太守居有湖山之胜，同韵和》也道"历下楼台追把酒，舅家宾客厌论文……"《用"明发不寐，有怀二人"为韵，寄李秉彝德叟》道："人生不如意，十事恒八九。未见历下人，徒倾历城酒……早知鹊山亭，李杜发佳思……"《以"同心之言，其臭如兰"为韵，寄李子先》也有"客从济南来，遗我故人书……"《奉寄子由并大临》亦有"历下笑谈漫一梦，江南消息又余年……"

从诗作中，可见黄庭坚在听闻故人讲述后，对济南湖山胜景十分熟悉非常向往。到了元丰四年（1081），黄庭坚调到德州监德平镇。此时他仅距离济南300余里，但终究未能实现来济游历的夙愿。

小清河没有大江大河的波澜壮阔，却极具个性，低回婉转，抱定理想，百折不挠。而且小清河绝不只有美学价值，它还极大地带动了区域经济的发展速度。据元代天历年间的统计，济南路的商税额数在山东遥遥领先，虽然山东的

政治中心还在青州，但济南的经济实力和城市发展速度，已经越来越展现出超越青州的迹象。

明洪武九年（1376），山东承宣布政使司由青州迁到了济南，从此山东的政治中心，再也没有离开济南。

金牛山坐落在虎山旁边，海拔只有46.7米。据地质专家考证，此山是在距今1.8亿年前的燕山运动中由岩浆上喷，凝聚而成的辉长岩类石山。春天的金牛山，山下桃花盛开，山上松柏遍布，金牛阁耸立在山顶，在山的入口处，一座俯卧状的石雕牛塑像露出前半身，而其后半身则穿过山石，藏在金牛洞中。

金牛的传说版本不一，有一则广为济南人熟知。相传古时候，在千佛山麓住着一户人家，年幼的弟弟跟着哥嫂生活。哥嫂贪心，对弟弟非常刻薄，弟弟却心地善良，每天早出晚归地放牛。有一天，弟弟放牛掏出饼子要吃时，一个衣衫褴褛的老人颤巍巍地向他走来，伸出一双瘦骨嶙峋的手乞讨，弟弟便把唯一的食物给了他。老人吃完后微笑着点了点头，慈爱地牵过他的手说："你真是个好心的孩子，我会报答你的，跟我来吧。"

老人把弟弟领进了一座山洞，只见洞内金光闪闪，一头金牛正在拉磨，磨出的不是白面，而是金豆子。老人说："金牛和磨盘上的金豆子不要动，地上的金豆子随便你拿。"弟弟在地上捡起三粒金豆子告别了老人，随后用一粒金豆子换了粮食和衣物，剩余的两粒交给了兄嫂。兄嫂二人欣喜若狂，问清缘由后当天夜里便带上大口袋，偷偷摸进了金牛洞，贪婪地将金豆子往口袋里装。袋子装满，二人仍不甘心，卸下金牛，把金磨驮在牛背上，想要连牛带磨盘一起带走。

这时，金牛忽然怒吼一声，四蹄腾空，跃出山洞。霎时间，洞口崩裂坍塌，那对贪心的夫妻被埋在了山洞里。金牛离开千佛山后，一路向西北方向奔去，卧在太平河畔，化为"金牛山"。

在清水河与浥河交汇的地方浥河大峡谷崖壁半腰，有一座寺院叫盘龙寺，这座深山古寺的始建年代现在已无从考证，仅从重修碑记中得知曾于明万历三十四年（1606）以及后来多次重修。寺院建在悬崖峭壁上，内有大小建筑十余座。令人称奇的是，盘龙寺悬崖下面有一个天然的巨大溶洞，名为蒋家岩洞，洞内的钟乳石千姿百态，可谓鬼斧神工。进入洞中向上攀登30余米可直通位于山顶的寺院。洞内上下石阶均为天然形成，由此进入寺院别有一番情趣。

更令人叫绝的是寺院内有座无影山。穿过蒋家岩洞，抬头看见寺院内有一座形状怪异、奇峰兀立的小山，山峰有一半是悬空的，看上去随时有可能坍塌。山峰上面刻有神态各异的佛像，佛像旁排列着一个个佛龛，还有明宣德年间和清康熙年间重修的摩崖题记。蒋家顶的村民说，盘龙寺院内这座古老的山峰叫无影山，由于每年夏至这一天的午时，阳光照射下来山峰没有任何投影，故称无影山，盘龙寺因此也叫无影寺。无影山，山无影，鹤壁市一位诗人有感于此，曾赋诗曰："日照山峰无倒影，太行奇秀蒋家顶。"

济南城北的北园一带，自古就是风景秀丽之地，唐代段成式的《酉阳杂俎》中就曾记载过这一带的园林。绝妙的去处引来许多诗人墨客的光顾，唐天宝四年（745），李白在长安仕途受挫，来山东，寓家任城，当年到济南入道籍，并偕同杜甫、高适、李邕同游济南山水，留下了《陪从祖济南太守泛鹊山湖》三首。

其一

初谓鹊山近，宁知湖水遥？
此行殊访戴，自可缓归桡。

其二

湖阔数千里，湖光摇碧山。
湖西正有月，独送李膺还。

其三

水入北湖去，舟从南浦回。
遥看鹊山转，却似送人来。

宋元时期北园一带仍然是水波粼粼、河流纵横，可以从大明湖直接乘船进入。宋代曾巩，曾乘着小船从济南老城北水门出发一路划到鹊山，写下《鹊山亭》一诗：

> 大亭孤起压城颠，屋角峨峨插紫烟。
>
> 泺水飞绡来野岸，鹊山浮黛入晴天。
>
> 少陵骚雅今谁和，东海风流世谩传。
>
> 太守自吟还自笑，归来乘月尚留连。

道光年间的诗人王培荀在《乡园忆旧录》中写道："历城北门外最绕佳境，三春烟雨，菜花弥望。"北园自古便是济南的菜篮子，《历城县乡土调查录》称："北园为蔬菜发达之地，溯其起源由来已久，河流交错，水渠普遍，土质黑松，肥料全恃用城中之灰粪，灌溉便利，农民衣食多仰给于此。其他各处亦复不少，西乡大槐树、东乡张马（屯）亦颇著名。"

"韭有春韭、夏韭二种。春韭于二月间先植韭秧于苗床，六月间栽植于本圃，八、九月可割二次，第二年可割五六次，冬日用之最鲜。夏韭系六月种，八月移植，第一年不能收获，第二年可续割七八次。"

近现代，关于北园一带风土人情的文献日益稀少，让人庆幸的是，国学大师季羡林先生通过书写自己的亲身经历，为100多年前的北园留下了珍贵的记录。

季羡林（1911—2009），聊城临清人，字希逋，又字齐奘，曾跟随一代史学巨擘陈寅恪先生学习，后成为国际著名的东方学大师、语言学家、文学家、佛学家、史学家、教育家和社会活动家。历任中国科学院哲学社会科学部委员、北京大学副校长、中国社会科学院南亚研究所所长。

青年时代，季先生留学国外，精通英、德、梵、巴利文，能阅读俄文和法文学术专著，尤精于吐火罗文（当代世界上分布区域最广的语系印欧语系中的一种独立语言），是世界上仅有的几位精于此道的学者之一。人称"梵学、佛学、吐火罗文研究并举，中国文学、比较文学、文艺理论研究齐飞"，其著作汇编成《季羡林文集》，共24卷。

季先生博古通今，学贯中西，散文质朴而率真，不乏睿智。他曾说："我生平优点不多，但自谓爱国不敢后人，即使把我烧成了灰，每一粒灰也是爱国的。"1917年到1930年，季先生在济南居住了13年。清华四年毕业后，还回到济南高中教书一年，是季先生建立家庭、生儿育女的地方。写到济南的时候，他总是称这里是"家""济南故乡""济南老家"，济南开埠后领风气之先的教育环境对一代大师的成长起到了至关重要的作用。

季羡林

在济南，读了一段私塾后，季先生上了济南师范附小。在附小，他遇到了后来的知交好友李长之先生。李长之20世纪30年代因写作《鲁迅批判》而名噪一时，也因此终生受累，一生坎坷。季先生在附小读书时间不长，就转学到了新育小学（后来的三合街小学）。转学的原因极简单，课本里有一篇寓言《阿拉伯的骆驼》，季先生在家念课文，叔父一听骆驼还会讲话，大呼荒唐。叔父一声令下，季先生转了学。

在新育小学，季先生偷偷看了几十部"闲书"，多为古典小说和近代侠义公案小说，如《彭公案》《施公案》《说唐》《三侠五义》《济公传》《三国演义》《水浒传》《金瓶梅》等。学校开设了业余英文学习班，讲课的李老师告诉学生，英文字母里的F像个大马蜂，到了晚年，季先生都还记得，可说是给他对语言学的兴趣打下了坚实的根基。

1926年，季先生在正谊中学毕了业，考入新成立的山东大学附属中学。山大附中有两处校舍，一处设在北园白鹤庄，用的是原职业中学校舍。另一处设在老东门外的山水沟，用的是原矿业专门学校的校舍。季先生在白鹤庄这处高中学习，而且在这里一改初中时爱玩的习惯，开始用功。

附中的教师，可谓极一时之选。国文教师王崐玉，英文教师尤桐，史化老

师祁蕴璞，伦理老师鞠思敏（正谊中学校长兼）、完颜祥卿（一中校长兼），
还有教经书的"大清国"（因诨名太响亮，真名被忘记）、前清翰林（不知是
不是陈舸庭），两位先生教《书经》《易经》《诗经》，上课从来不带课本，
四书五经连注都能背诵如流。

在这样一批阵容整齐的好老师教导下，加上周围荷塘四布，垂柳蔽天，是
念书再好不过的地方，季先生到了这所中学，学会了用功学习，再也不去荷塘
钓虾、捉蛤蟆了，他后来回忆说：

我有意识的真正用功，是从这里开始的。我是一个很容易受环境支配的
人。在小学和初中时，成绩不能算坏，总在班上前几名，但从来没有考过甲等
第一。我毫不在意，照样钓鱼、摸虾。到了高中，国文作文无意中受到了王崑
玉先生的表扬，英文是全班第一。其他课程考个高分并不难，只要稍稍一背，
就能应付裕如。结果我生平第一次考了一个甲等第一，平均分数超过九十五
分，是全校唯一的一个学生。当时山大校长兼山东教育厅厅长前清状元王寿
彭，亲笔写了一副对联和一个扇面奖给我，这样被别人一指，我的虚荣心就被
抬起来了。从此认真注意考试名次，再不掉以轻心。结果两年之内，四次期
考，我夺了四个甲等第一，威名大振。

王崑玉先生对季先生影响极大，他的古文宗桐城一派，已经出版了自己的
文集。第一次作文，他出的题目是"读书后"，要用文言文，尽量模仿桐城派
的行文方式。季先生的文章写好之后，得到王崑玉先生的赞赏，批语道"亦简
劲，亦畅达"。这对季先生来说是极大的鼓励。

在王崑玉先生的影响下，季先生对古文产生了浓厚的兴趣，过去读武侠
小说的劲头，现在全转到读古文上去了。在王崑玉先生的帮助下，他找来不少
古文经典，如韩愈的《韩昌黎集》、柳宗元的《柳河东集》，以及欧阳修、苏
洵、苏轼、苏辙等唐宋大家的许多文集，开始认真阅读。

《古文观止》里面，司马迁的《报任少卿书》、陶渊明的《桃花源记》、
李密的《陈情表》、韩愈的《祭十二郎文》、欧阳修的《泷冈阡表》、苏轼的

前后《赤壁赋》、归有光的《项脊轩志》等文章，季先生百读不厌，可说是倒背如流。

从那时开始，季先生开始写散文，并被同学们冠名"诗人"。对于古文的不同风格，如《史记》的雄浑，六朝文章的浓艳，陶渊明、王维的朴素，庾肩吾的华丽，杜甫的沉郁顿挫，李白的流畅灵动，《红楼梦》的细腻，《儒林外史》的简明，他都能有所分辨，汲取了丰厚的营养。除英文之外，他开始学习德文，对外国文学也发生了浓厚的兴趣。

在长篇散文《我的高中》中，季先生多次写到济南白鹤庄的胜景，赞美白鹤庄："这真是一个念书的绝妙的好地方。"对白鹤庄印象之深，怀念之殷切，溢于言表，令人如在目前。

他写道："泉城济南的地势，南高北低。常言道：'水往低处流。'泉城七十二名泉的水，流出地面以后，一股脑地都向北流来。连泰山北麓的泉水也通过黑虎泉、龙洞等处，注入护城河，最终流向北园。一部分注入小清河，向

季羡林

大海流去。因此，北园成了水乡。风乍起，吹皱一塘清水。无风时则如一片明镜，可以看见20里外的千佛山的倒影……塘边绿柳成行，在夏天，绿叶葳蕤，铺天盖地，都如绿雾，仿佛把宇宙都染成了绿色的宇宙……"

在文章中，季先生注意采纳方言俚语，读来别有意趣。花生米是"长果仁"，手纸叫"草纸"，骂人叫"卷人"，做事莽撞的人是"愣头青"。据他回忆，每年农历九月九前后，是千佛山重阳节庙会的日子。遍地是艺人们搭起的席棚，"马戏团、杂技团、地方剧团、变戏法的、练武术的、说山东快书的、玩猴的、耍狗熊的，等等等等，应有尽有"。小孩子们身无分文，但是，他写道："好在我们都是三块豆腐干高的小孩子，混在购票观众中挤进去，也并不难。"

季先生自嘲当年人小个矮，不过是"豆腐干"，而且，正好三块。这就正好能够钻席棚、蹭戏看。庙会期间，这群"三块豆腐干"高的小孩子，"钻遍了大大小小的棚"。

第四章

梧桐瓜果酒莲香
茶话美食金瓶载

无言独上西楼，月如钩。寂寞梧桐深院锁清秋。

剪不断，理还乱，是离愁。别是一番滋味在心头。

——[五代]李煜《相见欢》

梧桐

清河流域自古多梧桐。

宋太祖赵匡胤开宝八年（975），宋军攻破金陵，李煜被迫降宋，被俘至汴京，封为右千牛卫上将军、违命侯——这个滑稽的称号是以其不奉诏前来觐见为由册封的，可见强者很多时候做事情是多么任性，而弱者哭笑不得，只能默默承受。

而赵匡胤对李煜还算是相当仁慈的，到他弟弟赵光义登基为帝，更是玩起了猫捉老鼠的游戏。赵光义派南唐降臣徐铉去拜见李煜，勾起了李煜的亡国之痛，两人说着说着，以至于"相持大哭、坐默不言"。宋太宗赵光义听完手下人对此场景的详细汇报，龙颜大是不悦。

太平兴国三年（978）的七夕节，是李煜42岁生日，他在居所和后妃们宴

李煜

饮，大概也是活够了，酒醉之后无所顾忌，作《虞美人》词追思前尘往事、怀念故国，命南唐的旧日歌姬咏唱。

听人回报后，宋太宗异常愤怒，新账旧账一起算，赐牵机药鸩杀李煜。牵机药，据说是中药马钱子，性寒、味苦，能破坏人的中枢神经系统。李煜酒后服药，全身抽搐，头、足被压在一起而死，状似牵机——但"牵机"到底做何解释，却着实让人"丈二和尚摸不着头脑"。

李煜死于汴京，世称南唐后主、李后主。风吹落叶，雨滴梧桐，凄清的景象让梧桐成为孤独忧愁的代表意象。

亡国之君，难免遭到后世非议。三国时期吴国的后主孙皓，"一片降幡出石头"，白棺素服，自缚出降；魏晋南北朝时期，陈朝的后主陈叔宝，金陵城破之时，和张贵妃、孔贵嫔等藏在胭脂井中，后被隋将吊出，几乎成为后世的笑柄。但李煜和孙皓、陈叔宝有所不同，宋太宗赵光义曾问过南唐旧臣潘慎修："李煜果真是一个暗懦无能之辈吗？"潘慎修答曰："假如他真是无能无识之辈，何以能守国十余年？"徐铉在《吴王陇西公墓志铭》也写道：李煜敦厚善良，在兵戈之世，而有厌战之心，虽孔明在世，也难保社稷；既已躬行仁义，虽亡国又有何愧！

李煜信奉佛法，达到了痴迷的程度，以致荒废政事。他曾在宫中修建永慕宫，在林苑建静德僧寺，又在钟山设寺，并亲笔题词"报慈道场"，每日供应近千名僧侣，所需费用皆由朝廷所出。据《十国春秋》记载，李煜曾于开宝二年（969）普度僧侣，又于次年改宝公院为开善道场，即使在南唐风雨飘摇、国库空虚之际，李煜仍不遗余力地建寺尊佛。

据野史记载，当时宋朝曾暗中选拔能言善辩之人前往南唐，蛊惑后主。李煜不知，以为有佛出世，称其为"小长老"，朝夕与之谈论六根、四谛、因果报应之事。"小长老"劝说李煜广建佛塔，又聚众千人讲佛论道，吃穿用度极为奢侈。宋军兵围金陵，李煜诏"小长老"商议据守之事，"小长老"表面上"摇旗退敌"，暗地里早给宋军打好了讯号，宋兵果然退却。后主大喜，命兵士诵《救苦观音菩萨经》。至南唐将亡，李煜又诏"小长老"退敌，"小长老"此时却托病不出。等到皇甫继勋死后，李煜才明白被骗，愤而鸩杀了"小长老"。

李煜精于鉴赏，极富藏书。宫中购置图书、画帖数万卷，法帖如钟繇、王羲之真迹甚多，公私藏皆有"内殿图书""建业文房之宝""集贤殿书院"等印，或为其签名、题字，或为诗歌杂言。宋军将攻陷金陵，李煜对保仪黄氏曰："此皆吾宝，城若不守，尔等可焚之。"金陵城破后，黄氏便依旨将宫藏书画等焚烧殆尽。

南唐国势已败，已经可说是"破落户儿"，李煜即使有能力也无力回天，更何况国策早有失误，在李煜继位的前一年，其父李璟已经因国势衰危而称臣于宋，减制纳贡了。宋朝灭南唐的形势已定，李煜继位，也只能采取消极守业的政策。但是，尽管李煜时的南唐面临着这样那样的困难，其毕竟维持政权达15年之久，而且在他被俘的日子中始终不忘故国，心系故土，从未心归宋朝，终至客死他乡。

由于梧桐高大挺拔，为树木中之佼佼者，自古就被看重，而且人们常把梧桐和凤凰联系在一起。凤凰是鸟中之王，而凤凰最乐于栖在梧桐之上，可见梧桐是如何高贵。在《诗经》里就有关于梧桐的记载。

大雅·卷阿

有卷者阿，飘风自南。

岂弟君子，来游来歌，以矢其音。

伴奂尔游矣，优游尔休矣。

岂弟君子，俾尔弥尔性，似先公酋矣。

尔土宇昄章，亦孔之厚矣。

岂弟君子，俾尔弥尔性，百神尔主矣。

尔受命长矣，茀禄尔康矣。

岂弟君子，俾尔弥尔性，纯嘏尔常矣。

有冯有翼，有孝有德，以引以翼。

岂弟君子，四方为则。

颙颙昂昂，如圭如璋，令闻令望。

岂弟君子，四方为纲。

凤凰于飞，翙翙其羽，亦集爰止。

蔼蔼王多吉士，维君子使，媚于天子。

凤凰于飞，翙翙其羽，亦傅于天。

蔼蔼王多吉人，维君子命，媚于庶人。

凤凰鸣矣，于彼高冈。

梧桐生矣，于彼朝阳。

菶菶萋萋，雍雍喈喈。

君子之车，既庶且多。

君子之马，既闲且驰。

矢诗不多，维以遂歌。

梧桐

在庄子的《秋水》篇里，也说到梧桐。庄子见惠子时说："南方有鸟，其名为鹓雏，子知之乎？夫鹓雏发于南海而飞于北海，非梧桐不止，非练实不食，非醴泉不饮。于是鸱得腐鼠，鹓雏过之，仰而视之……"这里的"鹓雏"就是凤凰的一种。庄子说凤凰从南海飞到北海，只有遇见梧桐才降落到上面，可见梧桐的高贵。

在唐宋诗词中，梧桐作离情别恨的意象和寓意是最多的。如："归来池苑皆依旧，太液芙蓉未央柳。芙蓉如面柳如眉，对此如何不泪垂？春风桃李花开日，秋雨梧桐叶落时。西宫南内多秋草，落叶满阶红不扫。梨园弟子白发新，椒房阿监青娥老。夕殿萤飞思悄然，孤灯挑尽未成眠。迟迟钟鼓初长夜，耿耿星河欲曙天。鸳鸯瓦冷霜华重，翡翠衾寒谁与共？悠悠生死别经年，魂魄不曾来入梦。"（白居易《长恨歌》），诗人以昔日的盛况和眼前的凄凉做对比，描写了唐明皇因安史之乱失去杨贵妃后的凄凉境况。

《三国演义》第三十七回"三顾茅庐"一节，也提到凤凰和梧桐：

玄德乃辞二人，上马投卧龙冈来。到庄前下马，叩门问童子曰："先生今日在庄否？"童子曰："现在堂上读书。"玄德大喜，遂跟童子而入。至中门，只见门上大书一联云："淡泊以明志，宁静而致远。"玄德正看间，忽闻吟咏之声，乃立于门侧窥之，见草堂之上，一少年拥炉抱膝，歌曰："凤翱翔于千仞兮，非梧不栖；士伏处于一方兮，非主不依。乐躬耕于陇亩兮，吾爱吾庐；聊寄傲于琴书兮，以待天时。"

由于古人常把梧桐和凤凰联系在一起，所以今人常说："栽下梧桐树，自有凤凰来。"在以前的殷实之家，常在院子里栽种梧桐，不但因为梧桐有气势，而且梧桐是祥瑞的象征。

唐代时，济南老城北郊小清河两岸，湖光山色景色宜人，段成式《酉阳杂俎》记载："历城北二里有莲子湖，周环二十里。湖中多莲花，红绿间明，乍疑濯锦。又渔船掩映，罟罾疏布，远望之者，若蛛网浮杯也。魏袁翻曾在湖宴集，参军张伯瑜谮公，言：'向为血羹，频不能就。'公曰：'取洛水必成

也。'遂如公语，果成。时清河王怪而异焉，乃谘公：'未审何义得尔？'公曰：'可思湖目。'清河笑而然之，而实未解。坐散，语主簿房叔道曰：'湖目之事，吾实未晓。'叔道对曰：'藕能散血，湖目莲子，故令公思。'清河叹曰：'人不读书，其犹夜行。二毛之叟，不如白面书生。'"

　　像这样一片渔船掩映、洲岛错落、烟波浩渺、富有意趣的湖水，自然而然成为济南的名胜之区，许多富贵人家在莲子湖南岸，也就是老城的北郊营造私家园林。段成式《酉阳杂俎·酒食》记载："历城北有使君林，魏正始中，郑公悫三伏之际，每率宾僚避暑于此。取大莲叶置砚格上，盛酒二升，以簪刺叶，令与柄通，屈茎上轮菌如象鼻，传吸之，名为碧筒杯。"

　　这也即是"碧筒饮"的由来。碧筒饮，就是采摘卷拢如盏、刚刚冒出水面的新鲜荷叶盛酒，将叶心捅破使之与叶茎相通，然后从茎管中吸酒，人饮莲茎，酒流入口中，诚为暑天享受之一。用来盛酒的荷叶，称为"荷杯""荷盏""碧筒杯"，因为茎管弯曲状若象鼻，故有"象鼻杯"之称。

荷花

以荷叶为杯的饮法最早出现在曹魏时代，当时有人设宴饮酒，用荷叶为杯，以簪刺透叶柄，以柄为管吸饮，称为"碧筒饮"，那感觉按古人的说法，是"酒味杂莲气，香冷胜于水"。《因话录》提到唐代宰相李宗闵设宴，暑月临水为席，以荷叶为酒杯，将盛满美酒的荷叶系紧，然后放在嘴边，用筷子刺一孔饮下，如果一口喝不完则要重饮一次。荷叶为杯，以筷子刺孔而饮，还不准洒漏，否则要挨罚，挨罚者当不在少数，皆大欢喜。

历代文人对"碧筒饮"也多有吟诵记载，宋朝窦革《酒谱·酒之事三》引作"碧筒杯"。苏轼《泛舟城南会者五人分韵赋诗》之三有："碧筒时作象鼻弯，白酒微带荷心苦。"明代三大才子之一杨慎《碧桐杯》中记载："唐人《碧桐杯》诗：'酒味杂莲气，香冷胜于冰。轮囷如象鼻，潇洒绝青蝇。'"冯惟敏《此景亭雨酌》词："碧筒纵饮，清商朗讴，海天一雨彩虹收。"清朝著名历史学家赵翼《小北门下看荷花》诗："带得余香晚归去，月明更醉碧筒杯。"

北宋理学家周敦颐有《爱莲说》一篇，专咏荷花："水陆草木之花，可爱者甚蕃。晋陶渊明独爱菊。自李唐来，世人甚爱牡丹。予独爱莲之出淤泥而不染，濯清涟而不妖，中通外直，不蔓不枝，香远益清，亭亭净植，可远观而不可亵玩焉。予谓菊，花之隐逸者也；牡丹，花之富贵者也；莲，花之君子者也。噫！菊之爱，陶后鲜有闻。莲之爱，同予者何人？牡丹之爱，宜乎众矣！"

在济南，荷叶除盛酒外，还可以做成许多独具风味的食品。如将鲜嫩碧绿的荷叶，用热水略烫一下，煮粥时盖在粥上，等煮好的粥凉后再加糖，色碧味香，名曰"荷叶粥"，是济南夏令著名的小食品。此外还有莲子羹、湖菜鸡块等。

莲子羹：特选大明湖优质莲子，配以银耳加以烹制。莲子，是一种药用和食用价值都很高的营养保健品原料，被誉为"莲中人参"。据《本草纲目》记载：莲子补中养神，益气力，除百疾，久服轻身，耐老，不饥，延年，益心肾，固精气，强筋骨，利耳目，补虚损，能祛火解毒，治疗腹泻胎滑、少儿热泻、反胃吐食等。银耳又名白木耳，性味甘、淡、平。含有蛋白质、糖类、无机盐、维生素B、脂肪、粗纤维等成分，具有清肺热、益脾胃、润肌肤的功效。适用于肺热咳嗽、皮肤干裂、胃肠燥热、血管硬化、高血压等症。由于银耳含有一种类似于阿拉伯树胶的成分，有滋养皮肤角质层的作用，经常服食银耳，即可使皮下组织丰满，令皮肤细腻具有弹性，是美容、清肺之佳品。

湖菜鸡块：湖菜指旧时济南大明湖所产之茭白、蒲菜、白莲藕、莲子、白荷花。茭白是水生植物菰的嫩茎，其质地嫩脆，营养丰富。蒲菜乃香蒲之嫩芽，其形似菱，其味似笋。荷亦称莲，其茎（藕）、果（莲子）、花（荷花）、叶（荷叶）在济南菜中占有很重要的地位。藕有七孔，肉白味甘。莲子，莲房中所出，去其皮可食。湖菜鸡块集大明湖名蔬于一体，配以鸡脯肉，佐以精盐、酱油、绍酒、味精、葱、姜、蒜等调味，构思新奇，制作精细，鲜嫩爽口，清香不腻，是时令很强的名肴。

糖醋鲤鱼：黄河鲤鱼个体肥大，体色艳丽，肉味纯正，鲜嫩肥美，为众多鲤鱼品种中的珍品。制作方法是将初加工好的鲤鱼，两面打上百叶花刀，稍加盐腌渍，挂上湿淀粉糊，入油炸至金黄色并呈弓形，取出，将鱼摆在盘中，浇上用白糖、醋、酱油、清汤、葱末、姜末、蒜末、湿淀粉、花生油炒制而成的糖醋汁，使其形似"鲤鱼跳龙门"。入口后外焦里嫩，酸甜微咸，蒜香浓郁。

另外，按照传统习惯，吃完鱼肉后，还可将鱼头及余汁做一碗"砸鱼汤"，此汤香气扑鼻，酸、甜、香、咸、辣五味调和，清口润肠。

"米粉肉"或曰"粉蒸肉"的做法是：先切好猪肉，炒好米，拌上酱油，然后选用大明湖产的只有碗口大的嫩荷叶，洗净，一张荷叶包起一块猪肉和适量的炒米，摊放在碗里，再上蒸笼，蒸熟后即成。吃是连肉带荷叶一起吃，既有猪肉的美味，又有荷叶的清香，特别鲜美。用同样的方法，还可以做成荷叶鸡、荷叶鱼等上等佳肴。

用荷叶包装食品，也是济南特有的风俗。以前食品店里卖的蒸包、锅贴、熟肉以及腌菜等，许多都是用荷叶包装的，这样既不透油、透水，又别有一番清香滋味，很受人们欢迎。

过去济南人还有吃荷花瓣的习俗。"炸荷花"是济南夏季特有的名菜。将新鲜、完整、干净的荷花瓣洗净之后，挂上一层薄薄的鸡蛋糊，再放到油锅里炸，炸好后撒上白糖，吃到嘴里，清香可口，回味无穷，很被人们喜爱。

济南除了"使君林"，最著名的就是北齐博陵君房豹的"房家园林"。

房豹，是房彦谦的大伯父。房彦谦（547—615），字孝冲，唐代名相梁国公房玄龄之父，一生先后经历了东魏、北齐、北周和隋四个王朝。房豹字仲干，本为清河东武城人，六世祖房谌时迁至齐，遂落籍为齐州东清河

荷塘

郡绛幕人，居于历城。房豹出身于世家大族，身材魁梧，容貌伟岸，声音洪亮，仪表堂堂。十七岁被聘为齐州主簿。早年随北齐大将慕容绍宗出征，任开府主簿兼行台郎中。

慕容绍宗这人十分迷信，请人算了一卦，说是将有溺水的厄运，于是日夜思索消弭祸患的方法，或者在船上洗冷水澡，或者干脆从船上跳河，再爬上来，如此种种不一而足，他想着水神或许因为厌倦而放过自己。房豹颇不以为然，劝他说：死生有命，若真有水灾，所谓的辟邪之术又岂能违抗天命，而且如今您身膺三军之任，须知兵事乃凶事也，只有认真办理军务争取克敌制胜，才是免灾的真正法宝；再者，若躲避水灾，哪有比在陆地更安全的呢？慕容绍宗笑着回答：我不能免俗啊，所以才这样做。不久，慕容绍宗被水淹死，人们议论，认为房豹洞悉人生的奥妙。

齐武成帝河清年间，房豹被授为谒者仆射，任西河太守。西河与北周接壤，过去与稽胡混杂。房豹为政贵在清静无为，因而有显著的成绩和崇高的声誉。他调任博陵太守，也有很高的声望。又调至乐陵任太守，治理政事注重风化教育，被称为善政。乐陵濒临大海，水味大多咸苦。房豹下令开凿了一口井，便得到甘美的泉水，远近都认为这是他良好的政风化育所致。传说房豹被罢职离开后，井水又变成了咸的。

北齐灭亡之后，房豹回归故里，堆山筑池以为园，躬耕自养。北周曾多次征召，他均以老病为由固辞，终老于家。其居处被后人称为"历城房家园"，园内杂树森竦，泉石崇邃，被誉为历城名胜。

房豹非常喜欢梧桐树，曾经有人折断了他园中梧桐树的一根枝条，他斥之曰："何为伤吾凤条！"可见梧桐在他的心目中绝非一般草木，而是某种"神物"。

除了梧桐之外，济南小清河畔种植最多的就是柳树。柳树是济南的市树，所谓"家家泉水、户户垂杨"中的"垂杨"，指的就是垂柳。提起"垂杨"，最知名的就是"鲁智深倒拔垂杨柳"的故事：鲁智深到东京大相国寺看守菜园子，菜园子附近住着二三十个泼皮，泼皮常来菜园子偷菜，已换了几个看园子

柳树

的人都管不了他们，这次听说又换了个新人，便来闹事。没想到鲁智深把两个领头的踢到粪坑里，吓得泼皮跪地求饶。第二天，泼皮们买些酒菜向鲁智深赔礼。大家正吃得高兴，听到门外大树上的乌鸦叫个不停，泼皮们说这叫声不吉利，吵得人心烦，便欲搬梯子拆掉鸟巢。鲁智深上前把那棵树上下打量了一下说："不用了，待我把树拔掉。"说完，只见他脱掉外衣，用左手向下搂住树干，右手把住树的上半截，腰往上一挺，那棵树竟然连根拔起。众泼皮惊得个个目瞪口呆，忙跪在地上拜鲁智深为师。

小清河流域饮茶之风从唐代即开始盛行，大约有一千四五百年的历史了，到了宋代，饮茶的风俗更是普及到千家万户，有"夫茶之用，等于米盐，不可一日无之"的说法，茶和柴米油盐酱醋一样，成了老百姓居家过日子的一种必需品。根据历史记载，中国最早的茶馆就起源于小清河流域的长清灵岩寺。

唐代封演在《封氏闻见记·卷六：饮茶》中提道：南方人喜欢喝茶，北方人并不多喝茶。开元年间，泰山灵岩寺有位称降魔师的和尚大力提倡禅宗，坐禅时必须不打瞌睡，不吃晚饭，但是允许和尚们喝茶。和尚们各自携带着茶，到什么地方都煮茶喝。从此，人们互相仿效，喝茶就成了风俗。从邹、齐、沧、棣等州，直到京城，城镇里大都开设店铺煮茶卖，不管是僧道之徒，还是世俗之人，都付钱取茶喝。茶叶从江、淮一带运来，运茶的车船接连不断，存放处茶叶堆积得像小山，品种数量很多。"茶，早采者为茶，晚采者为茗。《本草纲目》云：'止渴，令人不眠。'南人好饮之，北人初不多饮。开元中，泰山灵岩寺有降魔师大兴禅教，学禅务于不寐，又不夕食，皆许其饮茶。人自怀挟，到处煮饮。从此转相仿效，逐成风俗。自邹、齐、沧、棣，渐至京邑，城市多开店铺煎茶卖之，不问道俗，投钱取饮。其茶自江、淮而来，舟车相继，所在山积，色额甚多。"

竟陵地方有个叫陆鸿渐的人，写了一篇《茶论》，论说茶的功效以及煮茶的方法，又造了二十四件茶具，用大篮子装着。远近四方的人都钦佩、羡慕，喜欢新鲜事的人家里也都收藏了一套这样的茶具。有个叫常伯熊的人，又根据陆鸿渐的论说做了大量修订补充。于是茶道盛行，王公朝臣没有不喝茶的。御史大夫李季卿宣慰江南，到临淮县客舍的时候，有人说常伯熊精通茶道，李季卿就请他表演。常伯熊身穿黄披衫，头顶乌纱帽，手拿茶器，口报茶名，安排指点，使旁观者刮目相看。茶煮熟了，李季卿喝了两杯才住口。到了江南以后，又有人说陆鸿渐精通茶道，李季卿又请他来表演。陆鸿渐身穿山野居民的服装，带着茶具进门。坐下以后，吩咐摆设茶具，和常伯熊过去的做法相同。李季卿心里看不起他。茶事结束后，李季卿让奴仆拿出三十文钱，说是酬答煎茶博士的。陆鸿渐游历长江一带，与名流一向交好，受到这次讥笑后感觉羞愧，又写了一篇《毁茶论》。

济南人善饮茶，还和小清河流域泉水众多且清冽优质有关。陆鸿渐，也就是唐代《茶经》的作者陆羽。开元二十三年（734），西湖旁竟陵龙盖寺住持僧智积禅师，捡到了一个孩子，带回去交给好友儒士李公抚养，名其曰"季疵"。七八年之后，弃婴回到龙盖寺煮茶奉水侍奉恩人。禅师有意栽培，为他

茶

卜了一卦，得卦意"鸿渐于陆，其羽可用为仪"。于是季疵又改名"陆羽"，得字"鸿渐"。火门山受业七年，十九岁的陆羽确定了人生的方向。他在《六羡歌》中写道："不羡黄金罍，不羡白玉杯。不羡朝入省，不羡暮入台。千羡万羡西江水，曾向竟陵城下来。"

适逢"安史之乱"，动荡的局势、不安的朝政都没能影响陆羽。他一路考察茶事，辗转来到江南的舒州、湖州，最终定居于此，每日只专心于茶事，进行实地考察，为《茶经》的撰写奠定了基础。在游历大江南北后，访遍天下名泉，根据所品泉水特色，陆羽评选出天下十大名泉，分别是：谷帘泉，惠山石泉，兰溪石下水，陆羽泉，大明寺泉，招隐泉，白乳泉，洪崖瀑布，淮水源，龙池水。谷帘泉是陆羽认为的天下第一泉，他在《谷帘泉序》中写道："其味不败，取茶煮之，浮云散雪之状，与井泉绝殊。"

但也有不少人质疑陆羽的品评标准，尤其是天下第一泉谷帘泉。很多人认为，假如陆羽来过济南，品尝过趵突泉泡出的茶水，一定会令其取代谷帘泉，重新为天下十大名泉排序。

齐鲁大地，向称"礼仪之邦"，小清河流域的人豁达率真而讲究礼仪，即使普通人家，亦最重茶俗。客人来了，落座之后，先要奉上一杯清茶。倒茶的时候也有讲究，给客人的茶不能倒得太满或太少，"七成满"最为适宜。当地百姓有"茶七、饭八、酒满杯"的说法，意思是说在给客人敬酒的时候要把酒斟满，以示诚意，曰"酒满心诚"。而给客人倒茶或者盛饭的时候，都不要太满，以免烫了手给客人造成不便和尴尬。

主人敬茶时，客人须把右手食指、中指并拢，自然弯曲，以两手指轻轻敲击桌面，人们形象地称其为"屈指代跪"。

这种茶俗相传起源于清代乾隆年间，众所周知，乾隆皇帝曾经七下江南，是个"爱玩"的皇帝，有一次在江南茶馆喝茶，他一时兴起，抓起茶壶给臣子们倒水，这可把大家惊坏了。按照那时的规矩，无论皇帝给的什么东西都属于赏赐，接受者要跪下谢恩，但在公共场合，又不想暴露身份，怎么办？情急之下，一个臣仆想出了主意，就是"屈指代跪"，大家也都跟着学。之后竟延续成了一种茶俗。

实际上"屈指代跪"的风俗，究竟是不是起源于乾隆年间，谁也说不太准。但别人给你倒茶，总要有点动作，以示感激。除了"屈指代跪"之外，一般还有两种方式：或者以手扶杯，至少要伸一下手，有一个扶杯子的趋势；或者用手指轻击一下桌面。

如果正式请客喝茶，一般都是在"茶园"进行。茶文化作为社会文明生活的精华，在中国具有悠久的历史，其中既有精神文明的体现，又有物质文明的延伸。各民族以其具体的文化为背景，创立了内涵丰富、形式多样的茶民俗，如白族三道茶、藏族酥油茶、潮汕工夫茶、赣南打擂茶，此外还有儒雅大方的文士茶、欢乐轻快的民族茶等。

我国古代艺人演出，最初是利用自然地形，如露台之类，观众散布四周观看。西汉时期出现了看棚，张衡《两京赋》中就有关于看棚百戏的描绘。宋元时期，戏曲艺术日臻成熟，开始出现瓦舍勾栏，《梦粱录》说："瓦舍者，谓其来时瓦合，去时瓦解，即易聚易散之义，不知始于何时。顷者，京师（汴梁）甚为士庶放荡不羁之所，亦为子弟流连破坏之场。"其实，"瓦舍"是"瓦里"的变化之称。瓦里，是辽代管理官奴的机构。《辽史·官职名》里说："内族外戚世官犯罪，没入瓦里。"《辽史·刑法志》说："首恶之属，没入瓦里。"官奴与官妓是一回事，故宋代沿用了辽的名称。

在宋朝，勾栏瓦舍的意思就相当于近代的综合游乐场所，所以它又叫"瓦市""瓦肆""瓦子"。在这里，设有演出各种技艺的勾栏。勾栏又称"勾阑"，内有戏台，戏房（后台），神楼，腰棚（看席）。有的勾栏以"棚"为名。北宋的东京开封有"大小勾栏五十座，内中瓦子莲花棚，牡丹棚，里瓦子夜叉棚，象棚最大，可容数千人"（《东京梦华录》）。吴自牧在《梦粱录》中说，南宋的杭州，城内瓦舍共计十七处。而《市肆记》则云："有瓦子勾栏，自南瓦到龙山瓦，凡二十三瓦，又谓邀棚。"

明清时期，茶园逐渐取代勾栏。在茶园里，人们一边品茗，一边听戏。品茗听戏，只付茶钱，实际上羊毛还是出在羊身上，茶钱里含着听戏的费用。茶园里除卖茶水外，还有卖瓜子、花生之类小吃的，现在还有卖烧饼、油条的。

一百多年前，当老残来到戏台前：

戏台前有一百多张桌子。哪知进了园门，园子里面已经坐得满满的了，只有中间七八张桌子还无人坐，桌子却都贴着"抚院定""学院定"等类红纸条儿。老残看了半天，无处落脚，只好袖子里送了看座儿的二百个钱，才弄了一张短板凳，在人缝里坐下。看那戏台上，只摆了一张半桌，桌子上放了一面板鼓，鼓上放了两个铁片儿，心里知道这就是所谓梨花简了，旁边放了一个三弦子，半桌后面放了两张椅子，并无一个人在台上。偌大的个戏台，空空洞洞，别无他物，看了不觉有些好笑。园子里面，顶着篮子卖烧饼油条的有一二十个，都是为那不吃饭来的人买了充饥的。

到了十一点钟，只见门口轿子渐渐拥挤，许多官员都着了便衣，带着家人，陆续进来。不到十二点钟，前面几张空桌俱已满了，不断还有人来，看座儿的也只是搬张短凳，在夹缝中安插。这一群人来了，彼此招呼，有打千儿的，有作揖的，大半打千儿的多。寓谈阔论，说笑自如。这十几张桌子外，看来都是做生意的人；又有些像是本地读书人的样子：大家都喊喊喳喳的在那里说闲话。因为人太多了，所以说的什么话都听不清楚，也不去管他。

到了十二点半钟，看那台上，从后台帘子里面，出来一个男人：穿了一件蓝布长衫，长长的脸儿，一脸疙瘩，仿佛风干福橘皮似的，甚为丑陋，但觉得那人气味倒还沉静。出得台来，并无一语，就往半桌后面左手一张椅子上坐下。慢慢地将三弦子取来，随便和了和弦，弹了一两个小调，人也不甚留神去听。后来弹了一枝大调，也不知道叫什么牌子。只是到后来，全用轮指，那抑扬顿挫，入耳动心，恍若有几十根弦，几百个指头，在那里弹似的。这时台下叫好的声音不绝于耳，却也压不下那弦子去，这曲弹罢，就歇了手，旁边有人送上茶来。

停了数分钟时，帘子里面出来一个姑娘，约有十六七岁，长长鸭蛋脸儿，

梳了一个抓髻，戴了一副银耳环，穿了一件蓝布外褂儿，一条蓝布裤子，都是黑布镶滚的。虽是粗布衣裳，倒十分洁净。来到半桌后面右手椅子上坐下。那弹弦子的便取了弦子，铮铮钚钚弹起。这姑娘便立起身来，左手取了梨花简，夹在指头缝里，便叮叮当当地敲，与那弦子声音相应；右手持了鼓槌子，凝神听那弦子的节奏。忽羯鼓一声，歌喉遽发，字字清脆，声声宛转，如新莺出谷，乳燕归巢，每句七字，每段数十句，或缓或急，忽高忽低；其中转腔换调之处，百变不穷，觉一切歌曲腔调俱出其下，以为观止矣。

被人邀请喝茶，或者请别人喝茶，都要着装整洁，以示对别人的尊重，衣冠不整是要遭到耻笑的。过去生活条件差，一年到头难得有一身新衣服穿，平时在家破衣烂衫凑合一下，来了客人或出门会客就不行了，翻箱倒柜找出一身比较整洁的衣服穿上，这身衣服，当地百姓常称之为"喝茶的衣服"。

从小说《金瓶梅》里面，可以看到不少小清河两岸的吃食，比如说烤鸭、爆炒腰花、炖猪蹄、炖雏鸽，再比如大包子、咸食、火烧、油酥饼、牛油糖、核桃仁、菱角。小吃和鲜果一直是小清河附近的人们餐桌上常见的吃食。

我们来看一下西门庆的一餐早饭。第二十二回，腊月初八，一大早西门庆要去给尚推官家送殡，应伯爵过来，西门庆陪应伯爵吃早餐，摆上来的四个咸食，十样小菜儿，四碗炖烂嘎饭：一碗蹄子，一碗鸽子雏儿，一碗春不老蒸乳饼，一碗馄饨鸡儿；银镶瓯儿里是粳米，投各样榛松、栗子、果仁、梅桂的白糖粥。吃完，就拿小银盅筛金华酒，每人吃了三杯。一顿早餐就如此丰盛，反映出西门庆富豪家庭的奢靡。

值得注意的是，文中提到了"咸食"，早在明代就是早餐主食的咸食，至今依然是济南小清河一带著名的小吃。咸食的做法很简单，将面粉、鸡蛋调成糊，加上菜蔬，略加些葱花或其他调料，铛或平锅底刷些油，将调好的面糊均匀摊在锅底，文火，片刻即成。摊咸食看起来简单，做好可不容易，火候是摊咸食的关键。

《金瓶梅》里的日常食品还有很多，除上面提到的，为我们熟知的还有火烧、炊饼、艾窝窝、黄米面枣糕、玉米面裹馅蒸饼、蒸饺、扁食，还有包子、粽子、花糕、翠柏寿桃寿面、元宵酥油松饼、肝膏、把子肉、酸梅汤等，不一而足。第十回，西门庆知道武松被发配孟州，很高兴，在芙蓉亭和家里的妻妾们大摆筵席庆祝："水晶盘内，高堆火枣交梨；碧玉杯中，满泛琼浆玉液。烹龙肝，炮凤腑，果然下箸了万钱；黑熊掌，紫驼蹄，酒后献来香满座。碾破凤团，白玉瓯中分白浪；斟来琼液，紫金壶内喷清香。毕竟压赛孟尝君，只此敢欺石崇富。"

第二十七回，写西门庆三伏天在花园里摆了一顿野餐："果盒里边攒就的八格细巧果菜：一格是糟鹅胗掌，一格是一封书腊肉丝，一格是木樨银鱼鲊，一格是劈晒雏鸡脯翅儿，一格是鲜莲子儿，一格新核桃穰儿，一格鲜菱角儿，一格鲜荸荠；一小银素儿葡萄酒，两个小金莲蓬钟儿，两双牙箸儿，安放一张小凉杌儿上。"

其中最值得注意的，是"银鱼鲊"，在第十一回，西门庆夜宿潘金莲屋，一大早想吃荷花饼、银丝鲊汤，使春梅往厨下说去。那春梅从中挑拨，孙雪娥生气不做，惹得西门庆对孙雪娥一顿拳打脚踢。"鲊"就是腌鱼，古时没有冰箱，为长久保存食物，人们就把食物以盐渍之，腌制起来，发明了"鲊"。北魏贾思勰《齐民要术》中就有裹鲊、蒲鲊、长沙蒲鲊、夏月鱼鲊、干鱼鲊、猪肉鲊等；南宋《武林旧事》《梦粱录》中杭州城的"鲝铺"内卖有桃花鲊、鹅鲊、骨鲊、海蜇鲊、大鱼鲊、鲟鳇鲊、蟹鲊、黄雀鲊、银鱼鲊等。

银丝鲊汤就是把腌鱼切成细丝，加上配料做成汤。一般早上都是吃清淡食物，喝鱼汤不无"进补"之意。鲊的变种后来经过东海渔民的传播，传到了日本，目前可见最早的记录，见于一千二百年前的《赋役令》和公元927年成书的《延喜式》，文献中出现了"杂鲊""鲇贝鲊"的文字记载，还有制作方法和选用食材的说明，可见当时日本国内已经学会了"鲊"的制作方法，成了寿司的前身。风靡世界的日本寿司，实际上受到了鲊的启发。

第三十四回，写西门庆和应伯爵喝酒：西门庆陪伯爵在翡翠轩坐下，因令玳安放桌儿："你去对你大娘说，昨日砖厂刘公公送的木樨荷花酒，打开筛了来，我和应二叔吃，就把糟鲥鱼蒸了来。"伯爵举手道："我还没谢的哥，昨日蒙哥送了那两尾好鲫鱼与我。送了一尾与家兄去，剩下一尾，对房下说，拿刀儿劈开，送了一段与小女，余者打成窄窄的块儿，拿他原旧红糟儿培着，再搅些香油，安放在一个磁罐内，留着我一早一晚吃饭，或遇有个人客儿来，蒸恁一碟儿上去，也不枉辜负了哥的盛情。"西门庆告诉："……事毕，刘太监感情不过，宰了一口猪，送我一坛自造荷花酒，两包糟鲥鱼，重四十斤，又两匹妆花织金缎子，亲自来谢。彼此有光，见个情分。"……说未了，酒菜齐至。西门庆将小金菊花杯斟荷花酒，陪伯爵吃。

　　《金瓶梅》是明代四大奇书之一，以叙述西门庆的家庭生活为主要内容，处处散发着日常生活的气息，描写请客吃饭的场面占了全书不少篇幅。据统计，全书一百回，回回有饮食文化方面的描写，除了茶酒，书中写到的主食小吃有五六十种，瓜果三十多种，各式菜肴多达二百余款。从这些描写里面，我们可以窥见小清河沿岸的饮食风俗。

第五章

〰

上元节百姓祈福
八蜡祭蝗去秋收

东风夜放花千树，更吹落、星如雨。宝马雕车香满路。凤箫声动，玉壶光转，一夜鱼龙舞。

蛾儿雪柳黄金缕，笑语盈盈暗香去。众里寻他千百度，蓦然回首，那人却在，灯火阑珊处。

——[宋]辛弃疾《青玉案·元夕》

近代著名学者王国维在《人间词话》中说："古今之成大事业、大学问者，必经过三种之境界：'昨夜西风凋碧树，独上高楼，望尽天涯路。'此第一境界也。'衣带渐宽终不悔，为伊消得人憔悴。'此第二境界也。'众里寻他千百度，蓦然回首，那人却在灯火阑珊处。'此第三境界也。"

"昨夜西风凋碧树，独上高楼，望尽天涯路。"出自晏殊的《蝶恋花·槛菊愁烟兰泣露》，此种境界是说做学问、成大事业者，必先要有执着的精神，要登高望远，有追求，有目标，明确方向，了解事物的概貌。我们在学习的时候向来如此，每学新的学问必先学概论。"衣带渐宽终不悔，为伊消得人憔悴。"出自柳永《蝶恋花·伫倚危楼风细细》最后两句。王国维以此两句来比喻成大事业、大学问者获得的成功，不是轻而易举的，必定要坚忍，要经过痛苦辛劳，孜孜以求，直至人瘦带宽也不后悔的程度。

"蓦然回首，那人却在灯火阑珊处。"出自辛弃疾的《青玉案·元夕》。要达到第三种境界，必须已经历了前面的两种，有专注的精神，反复追寻、研究，下足功夫。有如此经历，自然会融会贯通，有所发现，此时再回首来时之路，便有豁然开朗之感。"元夕"一词，指的是"上元节"，阴历的正月十五，这天晚上，济南小清河两岸的老百姓俗称元宵。而作者辛弃疾，恰好就是济南人。

辛弃疾（1140—1207），原字坦夫，后改字幼安，号稼轩，济南历城人。南宋豪放派词人、将领，有"词中之龙"之称。与苏轼合称"苏辛"。

辛弃疾出生时中原已为金兵所占，少年抗金归宋，曾任江西安抚使、福建安抚使等职。著有《美芹十论》《九议》，条陈战守之策。由于与当政的主和派政见不合，后被弹劾落职，退隐山居。开禧北伐前后，相继被起用为绍兴知府、镇江知府、枢密都承旨等职，但已是垂垂老矣。开禧三年（1207），辛弃疾病逝，终年68岁。后赠少师，谥号"忠敏"。

辛弃疾一生以恢复大宋、建功立业为志，却命运多舛、备受排挤、壮志难酬。在"欲济无舟楫，端居耻圣明"的形势下，他只好把满腔激情和对国家兴亡、民族命运的关切和忧虑，全

辛弃疾

部寄寓词作之中。其词艺术风格多样，以豪放为主，沉雄豪迈又不乏细腻柔媚。题材广阔而善化用典故入词，抒写力图恢复国家统一的热望，倾诉壮志难酬的悲愤，对当时执政者的屈辱求和颇多谴责。现存词六百多首，有词集《稼轩长短句》等传世。

在文学史上，辛弃疾与另一位济南名人李清照并称"二安"。

李清照（1084—1155），号易安居士，济南章丘人。宋代女词人，婉约词派代表，有"千古第一才女"之称。

李清照出身于书香门第，早年生活优裕，其父李格非藏书甚富，她小时候就在良好的家庭环境中打下文学基础。出嫁后，与夫君赵明诚共同致力于书画金石的搜集整理。金兵入据中原时，赵明诚病逝，李清照独自流寓江南，境遇孤苦。其词前期多写悠闲生活，后期多悲叹身世，后人读之，无不感伤。

　　落日熔金，暮云合璧，人在何处。染柳烟浓，吹梅笛怨，春意知几许。元宵佳节，融和天气，次第岂无风雨。来相召、香车宝马，谢他酒朋诗侣。

　　中州盛日，闺门多暇，记得偏重三五。铺翠冠儿，捻金雪柳，簇带争济楚。如今憔悴，风鬟霜鬓，怕见夜间出去。不如向、帘儿底下，听人笑语。

——[宋]李清照《永遇乐·落日熔金》

大明湖中的藕神祠

这首《永遇乐·落日熔金》，也是咏上元节的，和辛弃疾的《青玉案·元夕》可称"双璧"。

按照道家的说法，正月十五为"上元"，七月十五为"中元"，十月十五为"下元"，合称"三元"。因为元宵时有张灯、观灯的习俗，故人们又习惯把这天称为"灯节"。

每逢"上元节"，济南小清河两岸的人们就开始"闹元宵"，在清代小说《镜花缘》第三十一回里，林之洋一行人：

这日到了智佳国，正是中秋佳节，众水手都要饮酒过节，把船早早停泊。唐敖因此处风景语言与君子国相仿，约了多、林二人要看此地过节是何光景。又因向闻此地素精筹算，要去访访来历。不多时，进了城，只听爆竹声喧，市中摆列许多花灯，作买作卖，人声喧哗，极其热闹。林之洋道："看这花灯，倒像俺们元宵节了。"多九公道："却也奇怪！"于是找人访问。原来此处风俗，因正月甚冷，过年无趣，不如八月天高气爽，不冷不热，正好过年，因此把八月初一日改为元旦，中秋改为上元。此时正是元宵佳节，所以热闹。三人观看花灯，就便访问素精筹算之人。访来访去，虽有几人，不过略知大概，都不甚精。只有一个姓米的精于此技。及至访到米家，谁知此人已于上年中秋带着女儿米兰芬往天朝投奔亲戚去了。又到四处访问。

访了多时，忽见一家门首贴着一个纸条，上写"春社候教"。唐敖不觉欢喜道："不意此地竟有灯谜，我们何不进去一看？或者机缘凑巧，遇见善晓筹算之人，也未可知。"多九公道："如此甚好。"三人遂一齐举步，刚进大门，那二门上贴着"学馆"两个大字，唐、多二人不觉吃了一吓，意欲退转，奈舍不得灯谜。林之洋道："你们只管大胆进去。他们如要谈文，俺的'鸟枪打'，当日在淑士国也曾有人佩服的，怕他怎的！"二人只得跟着到了厅堂，壁上贴着各色纸条，上面写着无数灯谜，两旁围着多人在那里观看，个个儒巾素服，斯文一脉，并且都是白发老翁，并无少年在内，这才略略放心。主人让坐。

三人进前细看，只见内有一条，写着："'万国咸宁'，打《孟子》六字，赠万寿香一束。"多九公道："请教主人，'万国咸宁'，可是'天下之民举安'？"有位老者应道："老丈猜得不错。"于是把纸条同赠物送来。多九公道："偶尔游戏，如何就要叨赐？"老者道："承老丈高兴赐教，些须微物，不过略助雅兴，敝处历来猜谜都是如此。秀才人情，休要见笑。"多九公连道："岂敢！"把香收了。唐敖道："请教九公：前在途中所见眼生手掌之上，是何国名？"多九公道："那是深目国。"唐敖听了，因高声问道："请教主人，'分明眼底人千里'，打个国名，可是'深目'？"老者道："老丈猜得正是。"也把赠物送来。

旁边看的人齐声赞道："以'千里'刻画'深'字，真是绝好心思！做得也好，猜得也好。"林之洋道："请问九公，俺听有人把女儿叫作'千金'，想来'千金'就是女儿了？"多九公连连点头。林之洋道："如果这样，他那壁上贴着一条'千金之子'，打个国名，敢是'女儿国'了，俺去问他一声。"谁知林之洋说话声音甚大，那个老者久已听见，连忙答道："小哥猜得正是。"唐敖道："这个儿字做得倒也有趣。"林之洋道："那'永赐难老'，打个国名……"老者笑道："此间所贴纸条只有'永锡难老'，并无'永赐难老'。"林之洋忙改口道："俺说错了。那'永锡难老'可是'不死国'？上面画的那只螃蟹，可是'无肠国'？"老者道："不错。"也把赠物送来。

林之洋道："可惜俺满腹诗书，还有许多'老子''少子'，奈俺记性不好，想他不出。"旁边有位老翁道："请教小哥，这部'少子'是何书名？"唐敖听了，不觉暗暗着急。林之洋道："你问'少子'吗？就是'张真中珠'。"老翁道："请教小哥：何谓'张真中珠'？"林之洋道："俺对你说，这个'张真中珠'就是那个'方分风夫'。"老翁道："请问'方分风夫'又是怎讲？"林之洋道："'方分风夫'便是'冈根公孤'。"老翁笑道："尊兄忽然打起乡谈，这比灯谜还觉难猜。与其同兄闲谈，倒不如猜灯谜了。"

这几段文字将"张灯"和"猜灯谜"展现得淋漓尽致，可以让人一窥"元宵佳节"的盛景。

元宵节张灯的习俗最早可追溯到佛教正月十五僧人观佛舍利，点灯敬佛。东汉明帝推崇佛教，听说佛教有正月十五日僧人观佛舍利、点灯敬佛的做法，就命令这一天夜晚，在皇宫和寺庙里点灯敬佛，令士族庶民都挂灯，形成了元宵赏灯的习俗，以后逐渐形成民间盛大的节日。该节经历了由宫廷到民间，由中原到全国的发展过程。

汉文帝时，下令将正月十五定为元宵节。汉武帝时，"太一神"的祭祀活动定在正月十五。司马迁创建"太初历"，将元宵节确定为重大节日。元宵节的节期与节俗活动，随着历史的发展延长、扩展。汉代一天，唐代三天，宋代长达五天，明代则是自初八点灯，一直到正月十七的夜里才落灯，整整十天。

白昼为市，热闹非凡；夜间燃灯，蔚为壮观。精巧、多彩的灯火，使其成

元宵节夜景

为春节期间娱乐活动的高潮。明代诗人王象春有一首题为《元宵》的七言诗，诗云："喜看稚子放河灯，狮石围栏士女凭。阔髻高裙京样尽，此宵又着白松绫。"

清代，元宵节又增加了舞龙、舞狮、跑旱船、踩高跷、扭秧歌等"百戏"内容，节期缩短为四到五天。

在佛教当中，以"传灯"命名的典籍非常多，如《景德传灯录》《东域传灯录》《延宝传灯录》《传灯法师列传》等等，那"传灯"到底何意？

《般若经》中说把佛法一代代传承下去，如同灯灯相传，法能破暗，如灯能照明，故名"传灯"。《六祖坛经》中说："譬如一灯燃百千灯，冥者皆明，明明不尽。"可见，传灯代表佛法的延续不断，永不穷尽。

宋代曾任济南太守的曾巩，《上元》诗中有"明月满街流水远，华灯入望众星高"；清代诗人孙兆溎《济南竹枝词》曰："街市喧阗达四冲，车行如水马如龙。芙蓉西去条条巷，香肆风吹凤脑浓。""凤脑"，即"凤脑香"，是唐时宫中的一种香物名。芙蓉街和从关帝庙西去的小布政司街，商肆栉比。小布政司街路北还有贡院和藩署，贡院门口有四座牌楼，牌楼之上灯山腾彩，金碧辉煌。附近的商家多为双层木结构楼房，一层为店铺，其上为居所，临街一面有走廊和护栏，女眷们最喜凭栏观灯。

《明会典》记载，明成祖朱棣迁都北京后，在北京东华门开辟两里长的灯市，从正月初八起，至十五达到高潮，十七日结束，每晚花灯、烟火照耀通宵，鼓乐杂耍喧闹达旦。《帝城景物略》记载，明朝京师从正月八日至十八日，东华门外有"灯市"，"贵贱相还，贫富相易贸，人物齐矣。妇人着白绫衫队而宵行。……富者灯四夕，贫者灯一夕，又甚贫者无灯"。《明太宗实录》记载，永乐七年（1409）正月"癸丑，元宵节近，上谕礼部臣曰：我太祖高皇帝君天下四十余年，法度明备，朕恪遵成宪，令四方无虞，民物康阜，思与臣民同乐。自正月十一为始，其赐元宵节假十日。百官朝参不奏事，有急务与本封进处分，听军民张灯饮酒为乐，五城兵马司弛夜禁，着为令"。

"闹花灯"花费甚巨，是富人的游戏。明武宗朱厚照幼年时十分迷恋花灯，登基为帝之后，放开手脚，常常为灯节花费大量的银钱，命人四处采购新奇、装饰精巧的花灯品种，悬挂在宫中观赏。《明实录》记载："上自即位以来，每岁张灯为乐，所费以数万计。1507年，库贮黄白蜡不足，复令所司买补之。"《明武宗外纪》记述，正德二年（1507）九月，明武宗专门从太仓金库提取了三十五万两银子为灯节买灯。明中叶的物价，按照《金瓶梅》中的说法，买一个丫鬟不过三五两银子，三十五万两银子是多么巨大的一笔款项，可见一斑。

明人张岱曾在《陶庵梦忆》中记述：

父叔辈张灯龙山，剡木为架者百，涂以丹膜，帼以文锦，一灯三之。灯不专在架，亦不专在磴道，沿山袭谷，枝头树杪无不灯者，自城隍庙门至蓬莱岗上下，亦无不灯者。山下望如星河倒注，浴浴熊熊，又如隋炀帝夜游，倾数斛萤火于山谷间，团结方开，倚草附木，迷迷不去者。好事者卖酒，缘山席地坐。山无不灯，灯无不席，席无不人，人无不歌唱鼓吹。

男女看灯者，一入庙门，头不得顾，踵不得旋，只可随势，潮上潮下，不知去落何所，有听之而已。庙门悬禁条：禁车马，禁烟火，禁喧哗，禁豪家奴不得行辟人。父叔辈台于大松树下，亦席，亦声歌，每夜鼓吹笙簧与宴歌弦管，沉沉昧旦。

十六夜，张分守宴织造太监于山巅星宿阁，傍晚至山下，见禁条，太监忙出舆，笑曰："遵他，遵他，自咱们遵他起！"却随役，用二耶角扶掖上山。夜半，星宿阁火罢，宴亦遂罢。

灯凡四夜，山上下糟丘肉林，日扫果核、蔗滓及鱼肉骨、蠡蜕，堆砌成高阜，拾妇女鞋挂树上，如秋叶。

相传十五夜，灯残人静，当垆者正收盘核，有美妇六七人买酒，酒尽，有未开瓮者。买大罍一，可四斗许，出袖中瓜果，顷刻罄罍而去。疑是女人星，或曰酒星……

明清两代，灯节期间家家户户、大街小巷都要悬挂花灯，同时燃放河灯的习俗也蔚然成风。据清修《济南府志》记载："元夕张灯，食汤圆，散灯浮诸流水，谓之放河灯。"乾隆《历城县志》记载："元夜通衢张灯、放花炬，男女群游，谓之走百病，过桥，放河灯。"

元宵之夜，人们穿上节日服装，结伴到城墙上走一走，摸摸城门上的钉，到有桥的地方过过桥，可以祛病免灾，所以叫"走百病"。

中国民间悼念、祭奠亲人，常在每月初一、十五和忌日进行。汉晋以后，宗教影响日益扩大。南北朝梁武帝崇拜佛教，倡导办水陆法会，僧人在放生池放河灯。唐肃宗于759年诏天下设放生池81所。北宋真宗在1016年定佛诞日为放生日，八月十五为中秋节，届时举灯赏月，放河笙歌，"僧尼道俗盆养供佛"。宋代时，道教得到提倡，规定中元节各地燃河灯、济孤魂、放焰口、演目连戏，不少诗人留下了杭州西湖放灯欢腾的诗篇。此后，放河灯在七月半举行，并随道教、佛教传播而流行全国。

河灯

放河灯之俗，全国各地一般是在每年七月十五中元节前后举行一次。而老济南人都知道，济南却是在七月十五和七月三十日晚上各举办一次河灯会。七月十五放河灯多半是官署、寺庙组织的。

与此同时，农历七月三十日是佛教中地藏王菩萨成道的日子。地藏王菩萨在成道时，曾发誓要普度有罪孽的众生，使他们脱离苦海。因此，七月三十日便成了超度"亡魂"的日子，在这天晚上也要燃放河灯。这天在大明湖、护城河以

小清河春景

及北园一带的小溪里放河灯，通常由民间自发组织。人们将面碗、萝卜、纸张制成的荷瓣形灯盏，放到护城河、大明湖里。河灯慢慢漂走，水面星光点点，有一种神秘莫测的氛围。

春天一到，小清河沿岸田野里泛起了一片新绿，经过寒冬风雪的洗礼，野菜从香甜的梦中苏醒，嫩绿的身躯顶破同时苏醒的土地，贪婪地呼吸着春天泥土的气息。王蒙的小说《春之声》第一句就是："咣当一声春天来了！"这个经典之句描写的正是济南小清河流域的春天。

空气中到处飘散着杨花，质朴的清香在微风中脱离枝头，四处弥漫，三五儿童提着小竹篮正蹲在地上捡拾……小清河沿岸的人们把杨花称作"无事忙"。捡回的"无事忙"，要先把顶端的皮摘去，经过浸泡、洗净，用手捞起挤去水分，拧成球状待用。"无事忙"的吃法很多，一般是做大包子，掺入少量的韭菜提味，加入木耳、鸡蛋、虾皮、香油、盐等搅匀做馅，包包子，蒸熟后趁热吃一口，齿颊留香。"无事忙"还可以煎咸食。

《红楼梦》第三十七回《秋爽斋偶结海棠社　蘅芜苑夜拟菊花题》提到了"无事忙"：

宝玉道："我呢？你们也替我想一个。"宝钗笑道："你的号早有了，'无事忙'三字恰当得很。"李纨道："你还是你的旧号'绛洞花主'就好。"宝玉笑道："小时候干的营生，还提他做什么。"探春道："你的号多得很，又起什么。我们爱叫你什么，你就答应着就是了。"宝钗道："还得我送你个号罢。有最俗的一个号，却于你最当。天下难得的是富贵，又难得的是闲散，这两样再不能兼有，不想你兼有了，就叫你'富贵闲人'也罢了。"宝玉笑道："当不起，当不起，倒是随你们混叫去罢。"

宝钗以"无事忙"为宝玉起号，实在是贴切得很。

再说榆钱。绵绵细雨过后，小清河两岸的榆树也开始繁密起来，榆钱一串一串挂满了树梢。榆钱可以生吃，也可以拌上面粉蒸食或炸食。等到槐花开了，远远望去白茫茫的一片，槐花香味飘得整个小清河流域都是一片芬芳，树丛中不时传来孩子们的嬉闹声。

最著名的野菜大概就是荠菜。周作人在《故乡的野菜》中写道：

荠菜是浙东人春天常吃的野菜，乡间不必说，就是城里只要有后园的人家都可以随时采食，妇女小儿各拿一把剪刀一只"苗篮"，蹲在地上搜寻，是一种有趣味的游戏的工作。那时小孩们唱道："荠菜马兰头，姊妹嫁在后门头。"后来马兰头有乡人拿来进城售卖了，但荠菜还是一种野菜，须得自家去采。关于荠菜向来颇有风雅的传说，不过这似乎以吴地为主。《西湖游览志》云，"三月三日男女皆戴荠菜花。谚云，三春戴荠花，桃李羞繁华。"顾禄的《清嘉录》上亦说，"荠菜花俗呼野菜花，因谚有三月三蚂蚁上灶山之语，三日人家皆以野菜花置灶陉上，以厌虫蚁。浸晨村童叫卖不绝。或妇女簪髻上以祈清目，俗号眼亮花。"但浙东却不很理会这些事情，只是挑来做菜或炒年糕吃罢了。

　　黄花麦果通称鼠麯草，系菊科植物，叶小微圆互生，表面有白毛，花黄色，簇生梢头。春天的采嫩叶，捣烂去汁，和粉作糕，称黄花麦果糕。小孩们有歌赞美之云："黄花麦果韧结结，关得大门自要吃：半块拿弗出，一块自要吃。"

　　清明前后扫墓时，有些人家——大约是保存古风的人家——用黄花麦果作供，但不作饼状，做成小颗如指顶大，或细条如小指，以五六个作一攒，名曰茧果，不知是什么意思，或因蚕上山时设祭，也用这种食品，故有是称，亦未可知。自从十二三岁时外出不参与外祖家扫墓以后，不复见过茧果，近来住在北京，也不再见黄花麦果的影子了。日本称为"御形"，与荠菜同为春的七草之一，也采来做点心用，状如艾饺，名曰"草饼"，春分前后多食之，在北京也有，但是吃去总是日本风味，不复是儿时的黄花麦果糕了。

　　扫墓时候所常吃的还有一种野菜，俗名草紫，通称紫云英。农人在收获后，播种田内，用作肥料，是一种很被贱视的植物，但采取嫩茎瀹食，味颇鲜美，似豌豆苗。花紫红色，数十亩接连不断，一片锦绣，如铺着华美的地毯，非常好看，而且花朵状若蝴蝶，又如鸡雏，尤为小孩所喜。间有白色的花，相

无事忙

传可以治痫，很是珍重，但不易得。日本《俳句大辞典》云"此草与蒲公英同是习见的东西，从幼年时代便已熟识。在女人里边，不曾采过紫云英的人，恐未必有罢。"中国古来没有花环，但紫云英的花球却是小孩常玩的东西，这一层我还替那些小人们欣幸的。浙东扫墓用鼓吹，所以少年们常随了乐音去看"上坟船里的姣姣"；没有钱的人家虽没有鼓吹，但是船头上篷窗下总露出些紫云英和杜鹃的花束，这也就是上坟船的确实的证据了。

另外，还有苦菜。小清河两岸的老百姓，几千年来，丰收年月，犹采来苦菜做小菜，遇到饥馑年月，则吃着苦菜当主食熬日子。特别是在遇到蝗灾的年月，大量蝗虫排成矩阵铺天盖地而来，将秋季作物啃光食绝。蝗虫过后，田地仅余光杆，状如铁栅。民间大饥馑，野菜吃完之后，只能啃树皮、吃树叶子。

张岱《夜航船》有"赵守青州，蝗自青、齐入境。遇风退飞，堕水而死。马援为武陵守，郡连有蝗，援赈贫赢，薄赋税，蝗飞入海，化为鱼虾。孙觉簿合肥，课民搏蝗若干，官以米易之，竟不损禾。宋均为九江守，蝗至境辄散。贞观二年，唐太宗祝天吞蝗，蝗不为祟"。

驱蝗神的信仰可以追溯到周朝的"蜡祭"。古代有八蜡庙，周时称为大蜡。旧时于每年建亥之月（十二月），农业生产暂停，民生休养之际，祭祀诸神，以祈祷来年丰收。所称八蜡即为八种神：一为先啬，即神农；二为司啬，即后稷，为

苦菜

舜的农官；三为农，即古之田畯；四为邮表畷，邮为田间庐舍，表为田间道路，畷是田土疆界相连缀；五为猫虎；六为坊，即堤防；七为水庸，即水沟；八为昆虫，即蝗螟之属。这是上古社会对与农业息息相关的各种神灵的崇拜与祭祀。

《礼记》中载有一首伊耆氏的《蜡辞》："土反其宅！水归其壑！昆虫毋作！草木归其泽！土反其宅！水归其壑！昆虫无作！丰年若土，岁取千百！"辞中就有祈求昆虫不要为害稼穑的祝祷。上古农业社会，生产力低下，百姓、国家的命运是完全与农业的兴衰紧紧捆绑在一起的，昆虫虽微但有时它给农业带来的灾难可以说是毁灭性的，其中典型的就是蝗灾。陈正祥在《中国文化地理》中统计各地方志中所记载的蝗灾数量，勾勒了中国的蝗灾分布示意图，中国的蝗灾分布主要是北多南少。

清人陈芳生《捕蝗考》中说："蝗生之地，谨按蝗之所生必于大泽之涯，然而洞庭、彭蠡、具区（太湖）之旁终古无蝗也。必也骤盈骤涸之处，如幽涿以南、长淮以北、青兖以西、梁宋以东诸郡之地。"该书列举一则唐开元四年（716）山东大蝗时"民祭且拜，坐视食苗，不敢捕"，这便是民间视蝗为神的一个典型。

其实在八蜡祭祀中，祀昆虫的举动也是出于无奈，如同祭祀厉鬼与瘟神，是不得已而为之。昆虫是导致农业减产与灾害的重要因素，农业社会受各种技术手段的限制，一旦气候适宜就有害虫滋生，在成千上万、遮天蔽日的害虫面前，人力就显得很渺小，民众在这种突发性自然灾害面前往往手足无措，多数时候只能任其肆虐。

就祭祀昆虫的问题，古代学者也有过比较激烈的探讨，在钱大昕《潜研堂集》中有问答"八蜡神"一则，问：八蜡之神，诸家说不同。郑康成谓先啬一，司啬二，农三，邮表畷四，猫虎五，坊六，水庸七，昆虫八也。王肃分猫虎为二而去昆虫，陈祥道则去昆虫而增加百种，吕大临则去先啬、昆虫而增百种，又分猫虎为二。或又有分邮表畷为二而去昆虫者。当何所从乎？钱大昕对于蝗虫害稼而受祀给出了自己的观点："郑康成、蔡中郎以昆虫为八蜡之一，非无征矣。或谓昆虫害稼，于礼不常祭。予谓人与物一也，人死为鬼，鬼有所归，则不为厉，故泰。厉公、厉族，厉之祀，先王举而不废。螽蝝螟蝗之害稼，亦由政治之失而生，则必有神以司之矣。祭之，俾上之人知所警戒，而小民亦有所恃以无恐，此八蜡所以终昆虫也。"

钱氏用辩证的态度考察了祀昆虫的合理性，虽然与《礼记祭法》中"法施于民则祀之，以死勤事则祀之，以劳定国则祀之，能御大灾则祀之，能捍大患则祀之"的宗旨相违背，钱氏以厉祭为例，古代地方行政长官祭祀城中无祀孤魂，以此抚恤城中孤魂使其有所归而不为害，蝗虫祭祀也是这个道理。

明清时期民间的驱蝗神灵记载已十分丰富，《书隐丛记》记载"金姑娘娘号驱蝗使者凡有蝗之处书金姑娘娘位号揭竿祭赛蝗即去，崇祯中有金姑娘娘纸马"。《镇江府志》有"神降于溧阳民家，曰吾金坛葛子坚。今年旱蝗为虐，帝命我驱之，而蝗大至，弥漫林莽。民始大惧，大书曰：驱蝗葛公之神。民争出鸡酒祀之，蝗乃飞去"的记载。《荆溪县志》有"太湖神庙在县东南五十里均山区乌溪港俗称王二相公庙，神有驱蝗入苇诸奇迹"的传说。《苏州府志》还有成化中吴郡朝真宫道士善符咒，尝驱蝗治妖，随祷辄应的记载，这些神人异士数不胜数，常见于方志笔记，其中最典型的是驱蝗神刘猛将，而古老的蜡祭在江南已经很少见其踪影。

《清嘉录》"祭猛将"条："（正月）十三日官府致祭刘猛将军之辰，游人骈集于吉祥庵，中燃铜烛二，半月始灭，俗呼大蜡烛相传神能驱蝗，天旱祷雨辄应，为福畎亩，故乡人问答尤为心愫，前后数日各乡村民敬牲献礼，抬像游街以赛猛将之神，谓之待猛将。穹窿山一带农人抬猛将奔走如飞，顷趺为乐，不为慢亵，名曰轧猛将。"

所以以驱蝗为目的的"八蜡祭"在小清河流域一度十分盛行，人们时时警戒着，未雨绸缪，防患于未然。

JINAN 济南故事

第六章

通商路繁荣市廛
顶梁柱航运建功

　　小时候一到学校放假，我就拎个水葫芦，跟着祖父下地，坐在地头上看祖父弯着背脊干活。废弃的水渠里生满野草，没过了我的腰，我就在里面扑腾来扑腾去，摘到一棵特别点儿的植物，就拿在手里玩半天。找不到特别的，就抽狗尾巴草，抽上一大束，回家让母亲给编小猫小狗儿。我母亲从小在山里长大，会编很多稀奇古怪的小玩意儿。待到祖父直了腰朝我摆摆手，我就随他一起往堤坝上吹吹风，休息一会儿。一边喝着水，祖父就想起了一些陈年往事，絮絮叨叨地跟我说起来。

　　他的记忆是相当破碎的。当然，也是因为偶尔想到某件事，劳累之余随便说一说，权当解闷，不是正儿八经地口述回忆录。一个普普通通的老农民，当然想也不会想到什么"回忆录"之类。所以他一生的经历，也始终没有在我脑海里完整地呈现出来，只不过云山雾罩一般这儿一个山头那儿一个山头，最广大的部分始终是白茫茫一片。仿佛我的祖父一直是在跳跃性地生活，像在写诗一样。当然，也谈不上"诗意的栖居"之类。

蒲草

水渠里最"特别"的植物，便是"蒲草"，尤其是结了"蒲棒"的时候，掐下来装作烟袋，可以在假想的"吞云吐雾"中做着美梦。"蒲草"暮春时候生的嫩根，剥皮后可作为蔬菜食用，人称"蒲菜"或"蒲根"。

据说南宋建炎五年（1131），金国十万精兵攻打淮安时，梁红玉领兵镇守淮安，被金兵长期围困，在内无粮草、外无军援的情况下，偶然发现马食蒲茎，因而取蒲菜代食，解决了粮食尽绝的困境，军民同心协力，终于打败了金兵，故淮安民间又称蒲菜为"抗金菜"。自此，食用蒲菜在淮扬一带广泛流行开来。如今，蒲菜在当地成为宴席中一道必不可少的主菜，有所谓"无蒲不成宴"的说法。

传说归传说，食用蒲菜的历史可以追溯到周朝，《诗经》里就有"其蔌为何，维笋及蒲"的诗句。南齐诗人谢朓特别喜欢吃蒲菜，曾经写过一首《咏蒲》诗："离离水上蒲，结水散为珠。初萌实雕俎，暮蕊杂椒深。"

小清河两岸多湿地，蒲草绵绵延延，很早就成为当地人的"美食"。蒲草的假茎即为蒲菜，是大明湖的特产之一，色白脆嫩，入馔极佳。《济南快览》中说："大明湖之蒲菜，其形似茭白，其味似笋，遍植湖中，为北方数省植物菜类之珍品。"用高汤和蒲菜烹制成肴馔，脆嫩鲜香倍增，入口清淡味美，素有"济南汤菜之冠"的美誉。

"奶汤蒲菜"早在明清时期便美名远扬，至今盛名犹存，是济南风味菜品。济南风味菜更注重使用高汤调味，也就是人们所说的用"清汤"和"奶汤"调味，故而"清汤燕菜""清汤银耳""奶汤鱼翅""奶汤桂鱼""奶汤蒲菜""清汤蝴蝶海参"等都成为享誉已久的鲁菜名品。

汤料入馔佐味的历史已经相当久远。公元六世纪，山东高阳太守贾思勰所著的《齐民要术》，在谈到山东民间烹饪技艺时写道："搥牛羊骨令碎，熟煮取汁，掠去浮沫，停之使清……用骨汁煮豉，色足味调，漉去滓，待冷，下盐，适口而已。"这就是后人所说的"清汤"和"奶汤"的前身。经过许多年烹饪技艺的发展，当地厨师们总结出来一套选取肥鸡、肥鸭和猪骨一起煮汤的工艺，并且适当地加入鸡肉泥，吸收汤里所有的杂质，于是便有了"清汤"。

奶汤蒲菜

厨师们在"清汤"里再放入骨头一起煮，使骨髓溶入汤里，于是就成了色泽乳白、鲜香味浓的"奶汤"。

臧克家先生在其名作《家乡菜味》中，历数济南风味美食，寄怀乡忆情深意切："济南有家大馆子，里面有个大水池，当中养有条条鲤鱼。这种鲤鱼，有四只眼，很有名，叫作河鲤，产于黄河。点菜之后，厨师亲自将活蹦乱跳的刚出水的鱼，拿到顾客面前打个照面……大明湖里，荷花中间，有不少蒲菜，挺着嫩绿的身子，逛过大明湖的游客，往往到岸上的一家饭馆里去吃饭。馆子不大，但有一样菜颇有名，这就是蒲菜炒肉……写到家乡的菜，心里另有一种情味，我的心又回到了故乡，回到了自己的青少年时代。"

由于水源丰富，小清河除盛产"蒲菜"外，还有一种"酱油螺蛳"（俗名"嘎啦油子"）的美食。20世纪七八十年代，"嘎啦油子"就是"荤菜"。人们三五成群下河弯着腰摸"嘎啦油子"，摸回来的"嘎啦油子"需要放到清水里泡上两三天，直到吐净泥沙为止。吐干净泥沙的"嘎啦油子"，用干辣椒段、甜酱炝香，放上酱油、精盐炖熟，在汤汁中泡制五六个小时，吃的时候肉质鲜美，汤汁浓郁。以前吃酱油螺蛳，没有牙签，一般都用大头针挑出肉来吃。

有名泉作为深厚根底，济南的大碗茶也是久负盛名。早在宋代，济南就有春日劝耕、南山试茶的风俗。每年立春之日，守令僚属俱到这一带举行迎春活动，执仗鞭牛，作示范性耕耘，"以示兆民"，催劝农耕。活动结束，便来到佛慧山开元寺小憩，以此地的甘露泉试北苑茶。明代王象春《登高》曰："登高须上大佛头，红树黄花急暮流。佛慧寺旁看题壁，试茶几代有残留。"

做过济南太守的曾巩曾说，趵突泉"一派遥从玉水分，暗来都洒历山尘。滋荣冬茹湿常早，润泽春茶味更真。已觉路傍行似鉴，怜少际涌如轮。曾成齐鲁封疆会，况托娥英诧世人。"趵突泉水温常年18℃，每到冬季泉边云雾缭绕，温暖着周边的植物，过冬的植物和蔬菜比其他的地方要成熟得早。初春一到，在泉边采到的茶芽，用趵突泉的水冲泡，其味道美妙不可方物。

清朝王鸿《趵突泉》一诗中夹注有数则，其中"旧有茶树"四字，指出趵突泉旁曾有茶树。

黑虎泉边以前也经常会扎起凉棚，卖大碗茶的生意人摆摊位，邀请说书艺人在此表演。

芙蓉街一带，曾是小清河造就的济南府最繁华的地方，商贾聚居，多豪门大院。芙蓉街之名，得自街中路西的芙蓉泉。芙蓉泉藏身在民宅之中，自然天成。《老残游记》里说的"家家泉水，户户垂杨"，一直被视为济南的写照，芙蓉街可以说是体现了济南的泉水文化特色。清代诗人董芸曾有《芙蓉泉寓居》："老屋苍

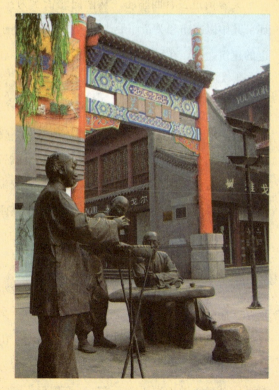

芙蓉街

苔半亩居，石梁浮动上游鱼。一池新绿芙蓉水，矮几花阴坐著书。"

明清时期，芙蓉街四周多是巡院、都司、布政司、贡院和府学衙门，良好的地理环境吸引了众多商家来此开店营业。著名的瑞蚨祥布店，清朝同治年间济南的第一家眼镜店"一珊号"，当时济南最大的百货商店"文升行"，著名教育家鞠思敏、王祝晨、许德一等人开办的教育图书社均曾在芙蓉街落户。著名画家俞剑华、岳祥书也曾经在这条老街上居住、开业招揽学子。芙蓉街一度成为经营文房四宝、乐器文教用品、古玩字画以及印刷业为主的商业街，同时还聚集了刻字、铜锡器、乐器、服装、鞋帽、小吃店等店铺作坊，街道两边店铺鳞次栉比、顾客盈门，加之街上的住户大多祖籍章丘一带，有做生意的传统，芙蓉街也开始从单一的文化街向文化、商贸并行发展过渡，商业的繁荣也把芙蓉街推向了一个异常兴盛的阶段。

芙蓉街过去有四座庙，从南向北依次为：土地庙、龙神庙、关帝庙、文庙。其中以文庙和关帝庙最为著名。文庙始建于北宋熙宁年间，曾是济南最古老的建筑之一。在科举时代，文庙是全省考生赴考的必经之地。科举时代考取秀才者入县学、府学为生员，也称"入学"或者"入泮"，这是封建士子仕途的起点，为此清朝顺治年间在芙蓉街北段梯云溪上修建了一座石桥，名曰"青云桥"，取青云直上之意，并修建坊额题有"腾蛟起凤"的牌坊。

芙蓉街一带曾经泉水众多，只关帝庙里就有武库泉、芙蓉泉和飞霜泉三处泉眼，还有南芙蓉泉、水芸泉、濯缨泉、腾蛟泉、起凤泉等诸泉。众泉汇流，特别是雨季丰水期，泉水漫淌，经常漫淹泉溪西边的民居、商铺，形成水患。明代成化年间，德王朱见潾由德州迁藩济南时，在德王府西苑专门挖了一条玉带河，以与曲水河（即后来的梯云溪）相通，供自己与嫔妃们乘船游乐。太守根据泉水流向，以芙蓉泉为始，开凿、疏浚水道，把泉水引向北边不远处的府学文庙的泮池中去，可以说是一举两得，一来可以消除水患，二来活水注入泮池，可以让泮池泉水流动不腐，保持清澈。由于泉溪流入文庙，就像士子文人以入泮为尊一样，十年寒窗一朝入泮便会青云直上，飞黄腾达，犹如登天云梯，因此泉溪被称为"梯云溪"，意即登天云梯，顺着这条泉溪便可入泮，开启仕途之路。

　　梯云溪、青云桥、腾蛟起凤牌坊之名都是因文庙、府学、秀才们而命名的，当时外地来的文人雅士都把到芙蓉街一游引以为幸。久而久之考生秀才们拴马匹的地方便成了现在的马市街，张榜公布考试成绩的地方便成了如今的榜棚街。如今文庙已修葺一新，青云桥已更名起凤桥，凭这些建筑足以想象当年祭拜孔子时鼓乐喧天万人景仰的盛况和芙蓉街的繁荣。

　　现在的芙蓉街，以小吃闻名。对于大多数人来说，来芙蓉街是冲着它的小吃来的。许多逛街购物的人饿了累了都会来这里吃饭，眼中是路边一个个的小吃店，鼻中是各色小吃的香味，耳中是各路小贩的吆喝。傍着繁华的泉城路，芙蓉街依然热闹，这热闹是轻松的，是市井的，是锅碗瓢勺叮叮当当的热闹。

　　以前中国北方大部分地区是不产大米的，随着小清河的开通，济南北部的湖水被宣泄以后，形成了一块块的池塘，为种植水稻打下了基础，后来有人把南方的水稻引到了北方。曾经在齐鲁大学任教四年的著名作家老舍先生，描述济南有一种"稳立在中国文化之上的，平淡而可爱的滋味"。一条河流，伴随着济南人生活中的一餐一饮，一笑一颦。一种陌生的声音也从不远的地方隐约传来，那是越来越近的汽笛声，还有机器的轰鸣。

　　老建筑上的一砖一瓦，都刻写着历史演变的痕迹，将一座城市的风韵和骨骼保留下来。20世纪初期，西风东渐，老济南逐渐焕发出新面貌，即将成为商务中心。

　　依靠齐国丞相管仲的"官山海"之策，春秋时期的齐国在中国历史上第一个靠盐铁的税收增强了国力，雄居五霸之首，山东地区也因此成为中国最重要的海盐生产地。羊角沟盐场制的海盐源源不断地通过小清河运往内地。

　　1903年，羊角沟来了一群洋人，为首的是大英帝国钦命的威海卫办事大臣骆克哈特，这位大臣完全被博大精深的儒家文化迷倒了，决心完全按照儒家经典来治理威海。骆克哈特在香港任职期间，因通晓孔孟之道而结交了许多儒家代表人物。如，康有为在戊戌变法失败飘零在港期间，骆克哈特对其关照甚多，康有为还曾写信赠诗于骆克哈特。

上任后，骆克哈特很快建立起殖民统治体制，并推行自由港政策，打算将威海卫这个滨海渔村建成旅游胜地。

骆克哈特在威海一干就是十九年。为了在发展商务、改善交通等方面取得山东地方政府的支持，他努力与清朝地方官员修好，曾三次访问山东巡抚衙门，分别受到周馥、杨士骧、袁树勋三任巡抚的高规格接待。三任巡抚也都访问过威海卫。另两位山东巡抚胡廷干和孙宝琦，也是骆克哈特的朋友。双方的频繁互访建立起良好的关系。

周馥（1837—1921），字玉山，号兰溪，谥悫慎。安徽至德（今安徽东至）人。早年因多次应试未中，遂投笔从戎，在淮军中做了一名文书。后又升任县丞、知县、直隶知州留江苏补用、知府留江苏补用。清同治九年（1870），以道员身份留直隶补用，其间积极筹划建立北洋海军事宜，同时还创办了中国第一所武备学堂——天津武备学堂。光绪三年（1877）任永定河道；光绪七年（1881）任津海关道；光绪九年（1883）又兼任天津兵备道；光绪十年（1884），奉李鸿章之命到渤海编练民舶团练；光绪十四年（1888）升任直隶按察使。甲午战争爆发后，被任命为前敌营务处总理。

光绪二十八年（1902）四月，周馥升任山东巡抚，并加兵部尚书衔。因与外国侵略者交涉撤销天津都统衙门、归还津渝铁路等事件未了，故延至七月初才抵济南接巡抚印。时值黄海水涨，惠民、利津等县河堤多处决口，他督率官民筑堤防堵。又因中日战时，德国乘机强租胶州湾，并私修胶济铁路，霸占沿路矿山。周馥以奏开济南、周村两处商埠相抵制，经交涉，德国被迫撤去沿路驻兵，归还矿山。

山东巡抚周馥是中国近代洋务运动的重要人物，他一方面加速新政改革，酝酿在济南等地自开商埠，与绅商联手对外进行商战；另一方面，为对抗以胶济铁路修建为契机的日益膨胀的德国势力，他积极吸引德国之外的外资来鲁发展与德抗衡。周馥对威海卫的英国势力寄予厚望，他在1902年12月出访了威海卫，接着便邀请骆克哈特来济南府访问。

1903年4月20日，骆克哈特开始了他的首次济南之旅。骆氏一行从威海卫乘船抵达芝罘，换乘中国"靖海号"巡港舰，过登州水城，于4月22日到达羊角沟。羊角沟是小清河入海口。他们从这里换乘帆船，组成船队，向济南进发。山东巡抚周馥特地派出八名保镖和三名官员到羊角沟迎接。船队行至高苑时，周馥又派去一队护卫骑兵沿途护航。当年，为于胶济线之外拥有一条独立的贸易线，山东地方政府正积极疏浚小清河河道，发展内陆水运贸易。刚刚经过整修的小清河沿途风光如画，尤其济南段，令骆克哈特感觉像是"西方而非东方"。

在小清河上航行了五天之后，骆克哈特一行于4月27日下午抵达历城黄台桥码头。此后至5月5日，一行人集中访问、考察济南。山东巡抚周馥对骆克哈特的来访十分重视，做了极为周密的安排，令骆氏一行感受到"母亲般的关照"。

周馥亲率布政使胡廷干（后升山东巡抚）、按察使尚其亨、学政载昌、盐

小清河新貌

运使英瑞、督粮道达斌等要员与骆克哈特会面，进行了三次正式会谈，并在山东巡抚衙门内的珠泉精舍设宴招待。周馥为骆克哈特介绍了山东发展工商业面临的困难之后，又向他解释说，之所以如此热情相待，主要是为了让老百姓知道应如何对待欧洲人。与此同时，他还请求骆克哈特敦促英国财团尽快完成津镇铁路的修建，以达到制衡德国的目的。

此外，周馥还就新政改革问题与之交换了意见。周馥指出中国一旦被分裂，列强的既得利益势必受损，并就新政改革、慈禧太后政治地位及康有为的去向向骆克哈特探询。对于这些与威海卫无直接关系的问题，骆克哈特未置可否。相反，他积极拜访省内工商界人士，希望他们能把商业活力扩展到威海卫，并承诺给予"所有的支持"。

其间，周馥等官员与骆克哈特在一起多次合影。为深入结交权贵，骆克哈特还特赴山东官员家中做客。

骆克哈特是个中国通，易与中国官员进行深层交流。骆克哈特一行参观了山东大学堂、武备学堂、工艺局、机器局等。骆克哈特与山东各界尤其是工商界人士进行了广泛接触。在周馥及司道大员陪同下，他们游览了趵突泉、大明湖、千佛山，连日宴饮不断，宴会的豪华程度"代表了济南的最高水准"，令骆克哈特称赞不已，他甚至将宴席菜谱带走收藏。

1904年，山东巡抚周馥与已经升任北洋大臣、直隶总督的袁世凯联名上奏，促成了济南商埠的诞生，开创了我国内陆城市自主开放的先河："自光绪二十四年德国议租胶澳以后，青岛建筑码头，兴造铁路，现已通至济南省城，转瞬开办津镇铁路（注：天津—镇江，后改为天津—浦口），将与胶济铁路相接。济南本为黄河、小清河码头，现在又为两路枢纽，地势扼要，商货转输，较为便利。亟应在济南城外自开通商口岸，以期中外咸受利益。"

济南商埠区划定在老城西关之外，东起十王殿（今馆驿街西口），西至北大槐树，南沿赴长清大道（今经七路一带），北至胶济铁路以南，占地共四千余亩。其中东西长约五里，南北长不到三里。商埠之于济南，就像深圳之于中国，可谓当时的济南"特区"。对商埠来说，所有的繁荣与喧嚣，都可以追溯到一个最原始的声音，那就是蒸汽机车的汽笛声。

　　1905年11月15日，一场盛大典礼在老城西关隆重举行。这天，济南正式开设"华洋公共通商之埠"。从这一天起，济南老百姓的生活方式连同这座古城发生了革命性的变化：各式建筑如雨后春笋般拔地而起。哥特、罗曼、古典、摩登风格的建筑，以及日耳曼式、英吉利式、日本式建筑相继在商埠亮相，丰富了城市的景观，活跃了城市的形象。商埠区出现了广货、百货、西药、五金、钟表、染料等新兴行业。济南的商品也开始漂洋过海，国际贸易日益兴盛。德昌洋行生产的发网（欧洲女子用于蒙面）更是远销欧洲。

　　济南第一个外商银行——德华银行20世纪初在商埠区落户。此后，日本的朝鲜银行、横滨正金银行，法国与比利时合办的义品放款银行等纷纷登陆。1912年到1925年，济南的商办银行已达二十家。济南开始真正感受到世界经济脉搏的跳动。1905年，济南第一家民营企业——济南电灯公司创办。此后，仁

今日老商埠

丰纱厂、成通纱厂、成大纱厂、成丰面粉厂等民营企业纵横商海，叱咤风云。苗氏家族更是踌躇满志，雄心勃勃，积极开发大西北。济南瑞蚨祥则把商号开到了京、津、沪等众多城市。

济南开埠以后，新生事物层出不穷。这里诞生了第一家电影院、第一家西餐厅、第一座公园……穿洋服、买洋货、抽洋烟、吃洋餐，不仅是年轻人的追求，也成为社会的时尚。济南工商业在国内城市中的地位扶摇直上。民国时期散文家倪锡英在游历各大城市后，对济南商埠赞不绝口："市面的繁荣，比起南京的下关和杭州的新市场，要远胜数倍，竟可与青岛、天津相抗衡。"这可能是近代济南历史上最为风光的岁月。

胶济铁路东自青岛站引出，在蓝村站北接蓝烟线，在胶州站南接胶新线、胶黄线，在高密市芝兰庄站接海青线，在青州市站北接益羊线，在临淄站南接辛泰线，在淄博站北接张东线、南接张博线，在济南站西接京沪线。全线属济南铁路局管辖。沿途资源有胜利油田、博山煤矿、坊子煤矿、金岭镇铁矿、昌乐金刚石矿。胶济铁路全线贯通，与平行的小清河、黄河，共同构成了内地通往东部沿海的交通动脉。这两条动脉将济南带入从内陆文明向沿海文明、从内向型经济向外向型经济、从农业文明向工商业文明发展的一个新轨道。

津浦铁路习称津浦线，是清政府借款建成的最长的一条铁路，历时四年，一气呵成，也是旧中国铁路最有华彩的篇章。它北起天津，南至浦口，与沪宁线隔江相望，中经沧县、德州、济南、泰安、兖州、临城、徐州、宿县、蚌埠、滁县等城镇，全长一千余公里，是华北通向华东的主要干线。

胶济和津浦两条铁路交会，但小清河依然承担着繁重的运输任务，发挥着不可替代的作用。政府在济南西郊的睦里庄建了一座水闸，把水量丰沛的玉符河水引入了小清河。三川交汇，有了丰沛的水源，拉纤拉船更省力。水草宛如少女的长发，在清澈的河水中摇曳，既好看又能养鱼虾。

清光绪十九年（1893）大规模疏浚小清河后，形成了黄台港。光绪三十一年（1905）建成连接黄台港与胶济铁路的支线4.4公里，通黄河泺口港的轻便铁路六公里，使黄台港成为铁路水路联运的枢纽，大宗货物的运输更加方便，一些小型货船停靠的位置更多，也更靠近济南城。流水直达老城的西城门下。

济南天桥建于1911年，是济南城跨越铁路的第一条南北要道，虽然经过几次改建，但今天依然发挥着重要的交通作用。老天桥分上、中、下三层，是用黄土堆积，外表用片石砌起来的。

小清河南岸天桥区有一个紫金山小区，此名的来历颇有意思。南京的钟山又叫紫金山，山体阔大、气象雄伟，山上有著名的中山陵、明孝陵和紫金山天文台。人民解放军占领南京后，毛泽东同志写下《七律·人民解放军占领南京》："钟山风雨起苍黄，百万雄师过大江。虎踞龙盘今胜昔，天翻地覆慨而慷。宜将剩勇追穷寇，不可沽名学霸王。天若有情天亦老，人间正道是沧桑。"难道济南小清河畔，真的也有一座紫金山？

在紫金山小区的北面，据当地一些老人介绍，紫金山早年间叫作紫荆山，得名于山顶上曾经有一棵紫荆树，这棵紫荆又高又粗、枝叶繁茂。明朝皇帝要在北京修建紫禁城，济南的官员为了讨好皇帝，便将这棵紫荆树砍倒，进贡到北京。据说这棵紫荆树的树干，最后做了太和殿的大梁。后来因为紫荆树没有了，山名就改成了"紫金山"。

与紫金山有关的故事至今还留在老人们的记忆中，紫金山南面不远处是凤凰山，此地自古就是一块风水宝地，有"头枕紫金山，脚蹬凤凰山"的说法。20世纪50年代中后期，有一年大旱，村民们在紫金山下开挖水渠时，意外发现了一座古墓。

这座古墓位于紫金山的南坡上，滑开盖在墓室上方的巨大石板之后，人们发现这座古墓里面有两个墓室，棺材已被破坏，墓主人躺着的方位就是"头枕紫金山，脚蹬凤凰山"。根据墓室的规模，人们判断墓主人的地位很高，遗憾的是墓室已被盗过，只剩下一个铜牌和两块墓志铭，村民当时用一辆驴车拉着铜牌和两块墓志铭送到了博物馆。

航运离不开船只，从驳船、拖轮、客轮等槽船的变迁史中，也可以一窥小清河航运的繁盛。

驳船本身无自航能力，是需拖船或顶推船拖带的货船，其特点为设备简

今日老商埠

单、吃水浅、载货量大。驳船一般为非机动船，与拖船或顶推船组成驳船船队，可航行于狭窄水道和浅水航道，并可根据货物运输要求而随时编组，适合内河各港口之间的货物运输。

清林则徐《会谕义律饬交凶夷并遵式具结》载："既验之后，驳船装载入口，一般至少亦须两人押送，一大船分为驳船五六十只，则押送约需百人。"《恨海》第七回说："伯和解下两片金叶，代了船价，叫了驳船，载了行李，起岸，入了客栈。" 蔡东藩、许廑父《民国通俗演义》第二十九回说："他由闸北河道，坐驳船到沪。"

按驳船的性能与用途，一般分为：泥（石）驳、抛石船、甲板驳。

泥（石）驳：设有装载舱，开底抛卸。

抛石船：属甲板驳。在甲板上设有供装载、抛卸块石的机构和设施。根据其抛石方式的不同，又分为侧倾式、翻转式、翻斗式、振动式各种抛石船。侧倾式和翻转式，由于采用水舱灌水侧倾和倾翻的抛卸形式，在实际使用中有很多缺陷，故已被淘汰。翻斗式和振动式则是使用的主要形式。在国内因其使用单一、机动性差，都以机动木船来代替。

甲板驳：有方驳、半潜自航驳、导管架下水驳等。方驳使用广泛，半潜自航驳和导管下水驳是随着海洋工程的发展而出现的新船型。已制造出载重量达三万吨的驳船。

拖轮又称为拖船，是用来拖曳没有自航能力的船舶、木排，或协助大型船舶进出港口、靠离码头，或作救助海洋遇难船只的船舶。拖船没有装载货物的货舱，船身不大，但装有大功率的推进主机和拖曳设备，具有"个子小、力气大"的特点。拖船分海洋拖船、港作拖船和内河拖船。

拖轮拖带船舶，可以像火车头拖带列车车厢一样，呈一列式拖带驳船；也可以从两旁舷侧拖带驳船。拖轮还可以拖大船，几艘小拖轮可以同时拖带一艘万吨级大船，使大船顺利地进出港，调动船位，或进出船坞。

航运发展到"客船"的时候，已经非常先进了。客船一般有完善的上层建筑，用以布置各种类别的客舱及一些服务舱室；对救生、防火、抗沉等安全性能要求严格；有较高的舒适性，具有良好的隔音、避震性能；有较高的航速和功率储备。客船通常航线固定、航班定期。由于航空运输的发展，海上客船已转向沿海和近海短程运输，并多从事旅游业务，而内陆水域的客船仍是许多国家的一种重要的客运工具。

济南的商埠区，著名的有经三纬二、经七纬一、经三纬八等，在济南人的话语中，这样的经纬坐标指的是一个个的路口，济南人怎么想起用经纬来命名道路？这就必须要说到当时的山东巡抚袁世凯了。

袁世凯（1859—1916），字慰亭，号容庵，河南项城人，是中国近代史上著名的政治人物。曾是北洋军阀的主宰，辛亥革命后，曾与孙中山先生领导的南方革命军有约，只要推翻清帝，则奉袁世凯为大总统。袁世凯履行承诺，逼宣统退位，成为中华民国首任大总统。后来，因复辟称帝臭名远扬。

袁世凯生于河南省项城王明口镇袁寨一个世代官宦的大地主家族，祖辈多为地方豪强。叔祖袁甲三督办安徽团练，镇压捻军，累官至漕运总督。父亲袁保中系地方豪绅。叔父袁保庆曾在甲三军中带兵，官至江南盐巡道，袁世凯自幼过继保庆为嗣子，少年时随嗣父先后到济南、南京等地读书。保庆死后，复随甲三子、户部侍郎袁保恒至北京就读。

光绪二年（1876）和光绪五年（1879），袁世凯两次乡试皆未考中，遂决计弃文就武。1881年5月，袁世凯至山东登州，投靠保庆的结拜兄弟吴长庆，任"庆军"营务处会办。吴长庆为淮军统领，统率庆军六营驻防登州，督办山东防务。1882年，朝鲜发生壬午军乱，朝鲜国王李熙（朝鲜高宗）之父兴宣大院君李昰应利用军队哗变，成功夺权；朝鲜王妃闵妃一党与大院君有隙，请求清廷出兵平乱，袁世凯跟随吴长庆东渡朝鲜。

袁世凯率领一支清军，杀死了几十名兵变参与者。战斗中，袁世凯带头冲在最前面，他的坚毅勇敢感染了部下，兵变很快得以平定。吴长庆在给清廷的

今日老商埠

呈报中将袁世凯赞扬了一番,说他"治军严肃,调度有方,争先攻剿,尤为奋勇",报以首功。

随后清军将大院君掳至保定问罪,当年二十三岁的袁世凯则以帮办朝鲜军务身份驻藩属国朝鲜,协助朝鲜训练新军并控制税务。袁世凯留镇朝鲜期间,得到了朝鲜上下的一致好评,朝鲜人士称赞他:"明达夙成,留京师(汉城)期年,大得都民之心。"袁世凯和金允植、金炳始等多名朝鲜士大夫结为忘年之交,在朝鲜被称为"袁司马"。

1899年冬,义和团在山东的排外行为引起各国不满,清廷被迫撤换纵容拳民的山东巡抚毓贤,代之以袁世凯署理山东巡抚,率领全部新军(时称"武卫右军")前往济南。此年袁世凯四十岁,首次出任地方大员。袁到任后,认为义和团是"左道邪教",到处拆铁道、拔线杆,破坏了社会安定,一改毓贤的处理方针,驱赶拳民,令其在山东无法立足,逃往天津、北京一带。而慈禧太后以民气可用纵容义和团,导致翌年爆发了八国联军战祸。山东在袁世凯治下加入东南互保,比较稳定,免遭战祸。

不管是任职山东巡抚期间,还是后来从政期间,袁世凯一向对工业、农业、商业三者并重,甚为得策,尤其对中国的工业化有一定贡献。他积极发展实业经济,1905年出面筹钱督修了中国人自己建造的第一条铁路,也就是历史上赫赫有名的"京张铁路"。1912年至1914年三年间,新开的工厂有四千多家,民族资本兴建的面粉厂、火柴厂、卷烟厂、造纸厂以及采煤、冶炼企业,得到长足发展。袁世凯在遭谴归隐之后,还曾说:"官可不做,实业不可不办。"他当政时期,颁布实行了一系列有利于中国民族工业发展的经济政策,扶持弱势的民族工商业,提倡国货,增加进口税并减少出口税,加强国货竞争力,扩大了国货销售市场。

农业方面,袁世凯在兴办农业教育、创设农业基金和推广农业新技术方面做出尝试。财政金融方面,袁世凯筹公债、整顿税收、开办银行、疏通金融、改革币制,这些举措不仅缓解了当时的财政危机,也促进了中国近代财政金融的现代化。在对外经济交往方面,袁世凯主动对外开放,开通商埠,这在近代中国对外开放的历史进程中具有重要意义。袁世凯主张引进外资和侨资，前后矢志不移，这在苏杭甬铁路、文辞协议、中美轮船公司等问题上即有体现。经过袁世凯的治理，中央财政也有很大改观，从民国初年的借债度日到每年库存可余两千万元。

　　袁世凯这些改革措施，具有进步意义，为济南开埠创造了良好的条件。为了加强对济南商埠的管理，山东及济南商埠总局制定了济南商铺开办章程，详细规定了济南商埠的管理原则。济南的繁华，是和小清河"通航路、促航运"的功劳分不开的。

第七章

说贡院文风鼎盛
创调式曲山艺海

　　《儒林外史》第三回"周学道校士拔真才　胡屠户行凶闹捷报"，提到了济南的贡院，信息量可以说极为丰富：

　　话说周进在省城要看贡院（注：明清时期省城乡试京城会试的场所皆称为贡院），金有余见他真切，只得用几个小钱同他去看。不想才到天字号（注：贡院连贯排列着隔离考生的窄小单间，天字号即第一号），就撞死在地下。众人多慌了，只道一时中了恶。行主人道："想是这贡院里久没有人到（注：乡试，中国古代科举考试之一，一般在八月举行，故又称"秋闱"。明、清两代定为每三年一次，凡本省生员与监生、荫生、官生、贡生，经科考、岁科、录遗合格者，均可应试），阴气重了。故此周客人中了恶。"金有余道："贤东！我扶着他，你且去到做工的那里借口开水来灌他一灌。"行主人应诺，取了水来，三四个客人一齐扶着，灌了下去。喉咙里咯咯的响了一声，吐出一口稠涎来。众人道："好了。"扶着立了起来。周进看着号板（注：科举考试时，号子中供生员答卷兼睡觉用的木板），又是一头撞将去。这回不死了，放声大哭起来。众人劝着不住。金有余道："你看，这不是疯了吗？好好到贡院来耍，你家又不死了人，为什么号啕痛哭的？"周进也不听见，只管伏着号板哭个不住。一号哭过，又哭到二号、三号，满地打滚，哭了又哭，哭得众人心里都凄惨起来。金有余见不是事，同行主人一左一右架着他的膀子。他哪里肯起来，哭了一阵，又是一阵，直哭到口里吐出鲜血来。

　　众人七手八脚将他扛抬了出来，在贡院前一个茶棚子里坐下，劝他吃了一碗茶，犹自索鼻涕，弹眼泪，伤心不止。内中一个客人道："周客人有甚心事？为甚到了这里，这等大哭起来？却是哭得厉害。"金有余道："列位老客有所不知，我这舍舅，本来原不是生意人。因他苦读了几十年的书，秀才也不曾做得一个，今日看这贡院，就不觉伤心起来。"只因这一句话道着周进的真心事，于是不顾众人，又放声大哭起来。又一个客人道："论这事，只该怪我们金老客。周相公既是斯文人，为什么带他出来做这样的事？"金有余道："也只为赤贫之士，又无馆做，没奈何上了这一条路。"又一个客人道：

"看令舅这个光景，毕竟胸中才学是好的；因没有人识得他，所以受屈到此田地。"金有余道："他才学是有的，怎奈时运不济！"那客人道："监生（注：监生是国子监生员的简称，明清两代取得入国子监读书资格的人称国子监生员，其中依靠父、祖官位入监的称荫监，由皇帝特许入监的称恩监，因捐纳财物入监的称捐监，监生可参加乡试）也可以进场。周相公既有才学，何不捐他一个监进场？中了，也不枉了今日这一番心事。"金有余道："我也是这般想，只是哪里有这一注银子！"此时周进哭的住了。那客人道："这也不难。现放着我这几个兄弟在此，每人拿出几十两银子借与周相公纳监进场，若中了做官，哪在我们这几两银子。就是周相公不还，我们走江湖的人，哪里不破掉了几两银子？何况这是好事。你众位意下如何？"众人一齐道："君子成人之美。"又道："'见义不为，是为无勇。'俺们有什么不肯！只不知周相公可肯俯就？"周进道："若得如此，便是重生父母，我周进变驴变马，也要报效！"爬到地下就磕了几个头，众人还下礼去。金有余也称谢了众人。又吃了几碗茶，周进不再哭了，同众人说说笑笑，回到行里。

次日，四位客人果然备了二百两银子，交与金有余。一切多的使费，都是金有余包办。周进又谢了众人和金有余。行主人替周进备一席酒，请了众位。金有余将着银子，上了藩库，讨出库收来。正值宗师来省录遗，周进就录了个贡监首卷。到了八月初八日进头场，见了自己哭的所在，不觉喜出望外。自古道："人逢喜事精神爽。"那七篇文字，做的花团锦簇一般。出了场，仍旧住在行里。金有余同那几个客人还不曾买完了货。直到放榜（注：放榜亦作"放膀"，考试后公布被录取者名单）那日，巍然中了。众人个个欢喜，一齐回到汶上县。拜县父母、学师，典史拿晚生帖子（注：一种用于基本平行而地位略低者对地位略高者的清代官场所用名帖之一）上门来贺。汶上县的人，不是亲的也来认亲，不相与的也来认相与。忙了个把月。申祥甫听见这事，在薛家集敛了分子，买了四只鸡、五十个蛋和些炒米、欢团之类，亲自上县来贺喜。周进留他吃了酒饭去。荀老爹贺礼是不消说了。看看上京会试，盘费、衣服都是金有余替他设处。到京会试，又中了进士，殿在三甲，授了部属。荏苒三年，升了御史，钦点广东学道。

大明湖公园内的"遐园"附近，是明、清时代的科举考场，称贡院，此街因在其东墙外，而名"贡院街"，明代称"贡院巷"，清代称"云路街"，后改称"贡院墙根街"。

明崇祯十三年（1640）《历城县志·建置考》（清康熙六十一年增刻本）载："贡院巷：四牌坊北。"清乾隆三十六年（1771）《历城县志·建置考》载："贡院在布政司东，洪武初建，成化十九年重修。""云路街：旧志四牌坊北作贡院巷。"1934年《济南市政府市区测量报告书》载为"贡院墙根街"，演变成一条著名的文化街。

贡院从明洪武初年始建到清光绪三十一年（1905）废止，总共存续了六百多年，同贡院墙根街一起，见证了中国封建时代科举考试的兴衰与百态。

科举制度到了明清时期，可以说是到了"过犹不及"的时代，因为当时考试主要凭借"八股文"。当时明朝刚刚建立，朱元璋恢复了科举制度以后，因为政务繁忙，起初延续了元朝旧有的科举制度和出题方式，就连评审文章好坏的标准都是直接采用元朝的。不用说，通过这种方式筛选出来的人才大多不合朱元璋的心意，于是他决定重新制定科举规范。明洪武六年（1373），朱元璋下令暂停科举，亲自和刘伯温商议新的科举方式，经过长达九年的反复研究和论证，君臣发明了"八股文"，奠定了明清时期的科举方向。

新科举规定必须采用"八股文"，这就严重束缚了学子们的思想和自由发挥的余地。朱元璋规定，科举所出的考题必须出自"四书五经"（"四书"指的是《大学》《中庸》《论语》《孟子》四部作品，"五经"指的是《诗经》《尚书》《礼记》《周易》《春秋》五部作品），所以学子们成年累月逮住"四书五经"死磕，对于其他的学问几乎一概不理。

"八股文"也称制义、制艺、时文、八比文，每篇开始以两句点破题意，称为"破题"。然后承接破题而进行阐发，称为"承题"，接着转入"起讲"，即开始议论。后再为"入手"，意为起讲后的入手之处。以下再分为起

济南贡院

股（也称起比、提比）、中股（也称中比）、后股（也称后比）、束股（也称束比）四部分。末尾又有数十字或百余字的总结性文字，也称"大结"。从起股到束股，每组都有两排排比对偶的文字，共为八股。八股文的主要文义在于诠释经书的义理，并要求据题立论，所以很少有作者自由阐发的空间，而它的重要体裁特征便是对偶性。

　　明末清初的杰出思想家、经学家、史地学家和音韵学家，与黄宗羲、王夫之并称为明末清初"三大儒"的顾炎武，曾在《日知录》中写道："经义之文，流俗谓之八股，盖始于明宪宗成化年间（1465—1487），如《乐天下者保天下》文，起讲先提三句，即讲'乐天'四股，中间过接四句，复讲'保天下'四股，复收四句，再作大结。如《责难于君谓之恭》文，起讲先提三句，即讲'责难于君'四股，中间过接二句，复讲'谓之恭'四股，复收二句，再作大结。每四股之中，一反一正，一虚一实，一浅一深。若题本两对，文亦两大对，是为两扇立格，则每扇之中，各有四股，其次第之法，亦复如之。故

顾炎武

人相传谓之八股。长题则不拘此，亦有联属二句四句为对，排比十数对成篇，而不止于八股者。"

康熙癸丑年间科举考试，考官出了个题目——子谓颜渊曰，用之则行，舍之则藏，惟我与尔有是夫！

韩菼因为文章出众，被钦点了状元，原文如下，可以让我们一窥"八股文"的"风采"：

圣人行藏之宜，俟能者而始微示之也。

盖圣人之行藏，正不易规，自颜子几之，而始可与之言矣。

故特谓之曰：毕生阅历，只一二途以听人分取焉，而求可以不穷于其际者，往往而鲜也。迫于有可以自信之矣。而或独得而无与共，独处而无与言。此意其托之窃歌自适也耶，而吾今幸有以语尔也。

回乎，人有积生平之得力，终不自明，而必俟其人发之人有积一心之静观，初无所试，而不知他人已识之者，神相告也，故学问诚深，有一候焉，不容终秘矣。

回乎，尝试与尔仰参天时，俯察人事，而中度吾身，用耶舍耶，行耶藏耶？

汲于行者蹶，需于行者滞，有如不必于行，而用之则行者乎？此其人非复功名中人也。

则尝试拟而求之，意必诗书之内有其人焉。爰是流连以志之，然吾学之谓何。而此诣竟遥遥终古，则长自负矣。窃念自穷理观化以来，屡以身涉用舍之交，而充然有余以自处者，此际亦差堪慰耳。

则又尝身为试之，今者辙环之际有微擅焉，乃日周旋而忽之，然与人同学之谓何，而此意竟寂寂人间，亦用自叹矣。而独是晤对忘言之顷，曾不与我质行藏之疑，而渊然此中之相发者，此际亦足共慰耳。

而吾因念夫我也，念夫我之与尔也。

惟我与尔揽事物之归，而确有以自主，故一任乎人事之迁，而只自行其性分之素。此时我得其为我，尔亦得其为尔也，用舍何与焉？我两人长抱此至足者共千古已矣。

惟我与尔参神明之变，而顺应无方，故虽积乎道德之厚，而总不争乎气数之先，此时我不执其为我，尔亦不执其为尔也，行藏又何事焉？我两人长留此不可知者予造物已矣。

有是夫，惟我与尔也夫，而斯时之回，亦怡然得默然解也。

"八股文"的题目往往是一句话、四个字或两个字，到底是什么意思，只有考官心里明白，甚至考官自己也不明白，如果考生的理解和考官不一样的话，就等于怎么写都不对。更有甚者，明清两代共五百多年，《四书》中的句子早已用光，而且翻来覆去不知用了多少遍，于是出现了整章书的长题，或一两个字不成句的短题，甚至不相干的两个半句连在一起的"截搭题"。举个例子，如《论语·子罕第九》开头数句："子罕言利，与命，与仁。"下面紧接的另一章书是"达巷党人曰：大哉孔子，博学而无所成名……"出题目的人把前面的最后两个字和后面的第一、二字出了个题目，即"与仁达巷"，这真是猜谜一样的千古怪题。

但科举考试，是旧时代人们走向仕途的独木桥。

《聊斋志异》是中国短篇文言小说的冠冕，其作者蒲松龄是淄川人，清初的淄川是济南府管辖的一个属县。蒲松龄字留仙，一字剑臣，别号柳泉居士，世称"聊斋先生"，自称异史氏，出生于一个逐渐败落的中小地主兼商人家庭。

蒲松龄19岁应童子试，接连考取县、府、道三个第一，名震一时。补博士弟子员。但好运从此随之而去，自那以后，蒲松龄屡试不第，直至71岁时才

蒲松龄

成岁贡生。鲁迅先生在《中国小说史略》第22篇，有言："松龄字留仙，号柳泉，山东淄川人，幼有轶才，老而不达，以诸生授徒于家，至康熙辛卯始成岁贡生。"

一生科举不得志的蒲松龄，从弱冠之年赴济参加童子"道试"起，几乎"三年复三年"地来此科举应试，而每年例行的"岁考"或"科考"，有时也需要风尘仆仆地赶赴济南。年年来，年年失望而归。为生活所迫，他除了应同邑人宝应县知县孙蕙之请，为其做幕宾数年之外，主要是在本县西铺村毕际友家做塾师，舌耕笔耘，近四十年，直至1709年方撤帐归家。1715年正月病逝，享年七十六岁。

在清代，对于科举作弊惩罚甚严。据薛允升《读例存疑》卷七所载，顺治十五年（1658），即有严旨，后于乾隆五年（1740）撰为例文，其文曰："乡会试考试官、同考官及应试举子，有交通嘱托、贿买关节等弊，问实，斩决！""此例极严，恶其通同作弊也。"咸丰九年，又钦奉谕旨，增加例文一条曰："乡会试考试官、同考官及应试举子，有交通嘱托、贿买关节等弊，无论曾否取中，援引咸丰九年顺天乡试科场案内钦奉旨，俱照本例问拟，仍恭候钦定。"《读例存疑》又载，乾隆三十八年（1773）奏定例文一条："闻拿投首之犯，除律不准首及强盗自首例有正条外，其余一切罪犯，俱于本罪上减一等科断。"

济南自明洪武初年，就是全省秀才们的乡试之地，当时位置选在风景秀丽的大明湖畔，和秦淮河畔的"江南贡院"可称一时瑜亮。最初"号舍"（也叫考棚）在5 000间左右，随着考生人数不断增加，又陆续进行过多次扩建，甚至两次填湖造地，向北、向东扩展。清光绪年间，济南贡院进入鼎盛时期，"号舍"达14 500余间，达到最大规模，山东也成为全国赫赫有名的考试大省。

济南为县、府、省三级衙署聚集地，有大量的文庙、贡院、书院、私塾、义学和学堂等文教场所，相对集中在环境清幽宁静的大明湖南岸。除了贡院，附近还有"提学使署"，是清代省级教育主管机关，相当于现在的省教育厅。辛亥革命后，改为济南道尹公署和山东省事业厅。1928年后，成为山东省教育厅所在地。民国时期，贡院墙根街先后存在过省立第一实验小学、省实验剧院、省民众教育馆、省立第一中学和省立济南初级中学，中共一大代表邓恩铭就是原省立一中的学生。街北头向东，即省图书馆。贡院墙根街西侧一道长长的高墙，令人对墙内的贡院不由得生出一股敬畏感和神秘感。虽然东西两侧建筑并不对称，但仍让人感到一种"高低错落"的和谐之美。

济南贡院坐北朝南，由三进院落组成，大门是古朴的牌楼式建筑，正中悬挂"贡院"匾额。门内建有两座牌坊，以"明经取士"和"为国求贤"两句题词申明贡院要义。从大门进入，到达二门，也叫"龙门"，此门寓意甚深，是祝愿莘莘学子都能跃过龙门鲤鱼翻身之意。过"龙门"，再过一道四门并列的便门，便是第一进院落，这进院落很大，约占了贡院的一半，中间一条甬道，两边是一排排考棚。

考棚每间高六尺，宽三尺，深四尺，朝南敞口，里面仅搭一高一低两块木

考棚

板，白天是考试的桌凳，晚上并在一起便是床铺。敞口的一面有道木栅，考生入棚即有公人落锁。考生考试和吃住都在里面，待交卷日才打开。院落靠南，有一座"明远楼"，楼上环顾，贡院可一览无余。

二进院落正中名曰"至公堂"，东西各有几个小院，是监临、掌卷、提调、监试等"外帘官"的办公、住宿之处。三进院落正中名曰"聚奎堂"，为正、副主考官的办公室，两边也有几个小院，是同考官、内监试、内掌卷等"内帘官"们办公、居住的场所。

贡院四周建有两道三至五米高的围墙，墙上遍插荆棘，四角竖有望楼，因此也有人把贡院称作是"棘闱"。

明清时期的乡试，每三年举行一次，每次考三场，分别为"八股文""应用文"和"策问"。每场的应试时间为三天两夜，农历的八月九日、十二日、十五日分别为三场的起始之日。考试当天，各路考生一早便带着一只内装笔墨、食品、卧具的考篮到贡院外，按照府县顺序排队，听候唱名入场。入场之时，要严格搜身，防止夹带小抄。

考生入场完毕，贡院关门落锁，这叫作"锁院贡试"。门口有官兵站岗，望楼有官兵瞭望，高墙内外有官兵巡逻，二进院落里的监考官员，也全部来回巡视，整个贡院仿佛监狱一般进入戒备森严的临考状态。

乡试结束后，接下来一个月的时间，考生们要等待揭榜，给了一个路人充分欣赏其"热锅上的蚂蚁"一般来回乱爬的情状。考生们寝食不安、如坐针毡，好不容易熬过了度日如年的月把时光，放榜当日不等天亮，便争先恐后地挤到了榜棚街。

榜棚街如今已经是宽阔的马路，高楼林立，豪华的路灯加上清凉的绿荫，与昔日的面貌完全不同了。当年它长不足百米，宽只有一丈，路面坑坑洼洼，又破又旧，两旁是低矮的平房。

乡试考卷判阅完毕，主考先将取中的考卷号列出草榜，发榜的前一天午后，把所有考官召集到一起，再取出中榜者的墨卷和朱卷逐一核对，准确无误后拆除密封、露出姓名、填写正榜。写正榜时，前五名要放到最后，而且要倒着写，即从第五写到第一。前五名俗称"五魁"，头名称解元，第二称亚元，三至五名叫经魁。

次日一早，主考将写好的榜文置于特制的黄绸亭内，由轿夫抬着，兵丁护卫，在吹吹打打的鼓乐声中，前呼后拥地送到榜棚街。此时榜棚街及周围的院西大街、布政司街一带已是万头攒动、人山人海，狭窄的小巷水泄不通，一双双饥渴的眼睛急切地搜寻着自己的名字。中榜者欣喜若狂，有的真的疯掉，例如范进；落榜者如丧考妣，有的写下千古流传的诗文，例如张继的《枫桥夜泊》"月落乌啼霜满天，江枫渔火对愁眠。姑苏城外寒山寺，夜半钟声到客船"。

发榜之后，新科举人们可谓脱胎换骨，一步从地狱迈到了天堂，布政司已经为他们准备好了顶戴衣冠，从此步入仕途；仪仗队鼓乐齐鸣，差人上门报喜，还送上二十两白银悬挂匾牌、竖立旗杆；巡抚衙门大摆"鹿鸣宴"，举人们拜师谢恩互认同年，为自己以后的官场织就一张牢不可破的大网。

令人惋惜的是，这样的幸运儿少之又少，千中无一，榜棚街上，多数看榜的学子都是泪下如雨。清朝时朝廷分给各省的乡试录取指标是极其有限的，山东每次的名额是69人，外加副榜12人。所谓的"副榜"，仅仅是一种荣誉，意思是说你考得不错，予以精神鼓励，却不能享受到正榜考生的实惠，拿不到入仕为官的资格，甚至算不上"替补"。据史料记载，济南贡院每次参加乡试的考生都在一万名左右，整整三年才有这么一次机会，范进中举能喜极而疯，虽然是小说家言，但在现实中确实不乏其人。

自然也不是说科举就全无好处，它毕竟给了寒门学子一条上进之路，延续了六百多年的济南贡院，对山东的教育事业还是功不可没的，为国家选拔了一批又一批有用的人才。据史料统计，六百年间，济南贡院共举行过二百多次乡试，在榜棚街张榜录取了近两万名举人，其中进京考中进士的就有四千多人，包括二十名进入三甲的状元、榜眼和探花。名臣毛纪、傅以渐、刘墉、杜受田、刘统勋、窦光鼎、卢荫溥、孙玉庭、孙毓汶、曹鸿勋，著名学者王士禛、于慎行、李开先、边贡、李攀龙、王懿荣等，都是从济南贡院考出去的山东名人。

沧海桑田，世事流转。如今的济南贡院已不复昔日光景，榜棚街也改变了旧时模样，但在老济南人的心目中，它们依然有很重的分量，人们只要看到"济南贡院"和"榜棚街"这几个大字，就不会忘掉那段历史。

张养浩辞官归隐八年，成就了一位散曲大家，也奠定了他在中国文学史上的重要地位，这些散曲的文字虽然留了下来，但旋律、曲调已经失传了。在小清河流域，直到今天依旧广为流传的地方剧种，有柳子戏、五音戏和码头调等。

柳子戏又名"弦子戏"，亦称"北调子""糠窝子"，是中国戏曲四大古老剧种之一，由元明以来流行于中原地区的俗曲小令衍化而成，在清代中叶盛极一时。柳子戏记录在案的传统剧目二百余出，音乐唱腔曲牌六百余支，这一剧种既有北曲豪放粗犷的风格，又有南戏委婉细腻的特征。2006年5月20日，柳子戏经国务院批准列入第一批国家级非物质文化遗产名录。

明万历年间，沈德符（1578—1642）在《野获编·时尚小令》中记载："元人小令，行于赵燕，后流传各地。自宣德、正统至成化、弘治年间，中原流行《琐南枝》《傍妆台》《山坡羊》，之后又有《要孩儿》《驻云飞》《醉太平》诸曲。嘉靖、隆庆间，兴起《闹五更》《寄生草》《罗江怨》《哭天皇》《干荷叶》《银绞丝》等曲，不问南北，不问男女，不问老幼良贱，人人习学，人人喜听。"文中"中原"指以河南开封为中心的周围地带，即后来柳子戏、大弦子戏、罗子戏、卷戏等剧种的主要流行区域。柳子戏现存的俗曲，许多与明、清俗曲刻本中的曲牌名称相同，如《山坡羊》《琐南枝》《耍孩儿》《沽美酒》《黄莺儿》等。由此可见，柳子戏主要是在元、明、清以来民间流行的俗曲小令基础上演变发展而成的。

清初，蒲松龄曾编过"戏三出"：《考词九转货郎儿》《钟妹庆寿》《闹馆》。当时柳子戏还曾在北京演出过，小铁笛道人《日下看花记》中曾有"有明肇始，昆腔洋洋盈耳，而弋阳、梆子、琴、柳各腔，南北繁会，笙磬同音，歌咏升平，伶工荟萃，莫盛于京华"的记载，记述的是乾隆五十五年（1790）四大徽班进京前的情况，那时柳子腔就已被列入"一时称盛"的剧种，与昆、弋、梆相提并论，被称为"东柳、西梆、南昆、北弋"。

到清中叶乾隆年间，柳子戏（弦子戏）已在山东、河南一带广为传播。李绿园写于乾隆四十二年（1777）的小说《歧路灯》中有"历城的一班弦子戏"的描述。然而，自乾隆五十五年（1790）徽班进京后，皮黄逐渐占据京城剧坛，柳子腔只好返回山东、冀南和豫东一带，在农村集镇中演唱，再未恢复当年盛况。

咸丰初年（1851）左右，汶上县演红脸的艺人姚天机在鲁西南创立科班，培养出一批深受群众喜爱的演员，如，十里轰、盖山东、玻璃水眼、张道洪，在这之后还有演员刘玉柱（小生）、江米人（旦）、姚兰臣（丑）、周保三（净）等。到宣统二年（1910）左右，柳子戏职业班社以运河为界分为四路。西路为曹县的义盛班，由张庆云领班，活动于菏泽、济宁一带；东路由立家兴领班，活动于费县、临沂等地；南路由张敬友带班，活动于苏北、丰县一带；北路由苗发云组班，以章丘为活动中心。

历史上柳子戏传统的行当分为四生、四旦、四花脸，三大门头十二行。自20世纪20年代以后，随着柳子戏演出剧目的增多、演出阵容的扩大，行当的划分也日趋明确具体，演变为现行的生、旦、净、末、丑五大门类。

柳子戏中容纳了明清以来盛行的各种古老声腔，绝大部分曲牌结构严谨规范，曲调行腔委婉，曲牌过门完整齐备，调式丰富多变，风格各异，有异于其他剧种的模拟唱腔的音乐旋律、结构，这种自成体系、自呈面貌的音乐结构形式，对研究明清时期的戏曲音乐现象具有重要的作用及参考借鉴价值，对研究中国北方戏曲、元代散曲具有不可替代的重要价值。

五音戏也有近三百年的历史，唱腔婉转、妩媚，素有"北方越剧"之称。其发生、发展、定型经历了秧歌腔、周姑子戏、杂社和五音戏四个时期，地方特色浓郁，方言纯朴自然，娱乐性强，易引起观众共鸣。2006年5月20日，五音戏经国务院批准列入第一批国家级非物质文化遗产名录。

五音戏起源于秧歌腔，是秧歌、花鼓秧歌与山东省章丘历城等地民歌结合的产物，伴奏仅用锣鼓，角色一生一旦，后来逐渐有所增加。有人为其填词或编创故事，使秧歌腔在内容、形式上更加丰富而更具吸引力。

"周姑子"又称"肘鼓子"，"肘鼓子"是一种声腔系统，因演唱时肘悬小鼓拍击节奏而得名，是山东地区和苏北一带地方戏的总称。五音戏与茂腔、柳腔、柳琴戏等山东地方戏曲同属"肘鼓子"系列，秧歌腔最早也属于"肘鼓子"，发展到后来由于"周姑子"的加入，无论是腔调还是表演风格都发生了巨大的变化。

"姑子"是当地方言对尼姑的称呼，"周姑子戏"便是从此而来的。清光绪年间，青野村的艺人赵宝子（赵国清）学习并改革了"周姑子戏"，同村的靳成章和靳成花兄弟拜他为师。后来，靳氏兄弟把戏名定为"周姑子戏"。

民国初年，周姑子戏在章丘及周边地区已声名远播。20世纪20年代，靳氏兄弟率领戏班赴济南大观园演出，引起轰动。梆子戏班主邓洪山喜欢上了周姑子戏，便与靳氏戏班合并，拜靳氏兄弟为师，就是后来的名角"鲜樱桃"。此时周姑子戏形成了较为独立完整的板腔体系，并借鉴了京剧、昆腔、梆子等剧种的伴奏、服装、道具、化妆，形成了专业演出社班，影响不断扩大。

五音戏的唱词极具民间口头文学特点，多使用方言、歇后语、倒装句，语言风格亲切、形象、生动，具有鲜明的地方特色和浓郁的生活气息。唱词中常使用的方言，有着浓厚的地方文化特色。比如：头午（上午）、晌饭（午饭）、忙活针线（忙着做）、拾拾掇掇的不得安（让人心里不安稳、不踏实）等。

板式五音戏源于民歌，通常由一个上句、一个下句的两句体组成，唱腔以板腔体为主，还有部分的曲牌音乐穿插其中。五音戏主要有悠板、二不应、鸡刨爪、散板四种基本板式，并由这些基本腔型变化出各种板式，形成了本剧种的特色。

五音戏早期只用打击乐伴奏，主要有鼓、板、大锣、小锣等乐器组成，只使用一套简单的锣鼓经，形式单调、表现力弱。演出有时需要演员兼奏或一人演奏不同乐器，上场能演戏，下场能打锣，既是演员，又是伴奏人员，拥有了演员和伴奏人员的双重身份，不能适应复杂的大型剧目。后来，五音戏逐渐进入了弦乐伴奏和管弦乐的即兴伴奏阶段，加进了二胡、月琴、小提琴、板胡、中胡、三弦、琵琶、笛、唢呐和高胡等乐器。

五音戏的传统剧目主要有《王小赶脚》《王二姐思夫》《拐磨子》《彩楼记》《王定保借当》《墙头记》《赵美蓉观灯》《王林休妻》《乡里妈妈》《王婆说媒》《张四姐落凡》《松林会》《亲家顶嘴》《安安送米》等。

《王小赶脚》说的是，一位小媳妇回娘家，和赶毛驴的小孩一路说笑、逗乐、打情骂俏的故事。语近男女私情，时有挑逗之嫌，之所以还能让人接受，是因为和小媳妇调笑的是一个情窦初开的毛孩子，有时候他很明白地说一些"坏话"，可也只是说，并没有威胁性。小媳妇高兴这种交流，观众更是乐不可支。一开场，半大不小的毛孩子王小即开始夸耀他的小毛驴多么可爱，而后说了四句定场诗：为人别赶脚，赶脚受辛劳，人家骑着驴，我得跟着跑。赶脚者，脚夫也。

王小也是，那头小毛驴也不是他的，他只是为掌柜的扛活而已，是个打工仔。小媳妇一出场即唱了一大段《二姑娘要回娘家住几天》。这个唱段应该是全剧的精华所在，十分好听，也十分有特色："六月三伏好热的天，二姑娘行程奔走阳关，俺婆家住在了二十里堡，俺娘家住在了张家湾，俺在婆门得了一场病，阴阴阳阳的七八天，大口吃姜不觉得辣，大碗喝醋不觉得酸，人人都说俺是那个样儿的病，俺不是价，怎么浑身发酸不爱动弹？二姐今年才二十二，嫁了个丈夫他三十三，二十二三十三，他比我大着那十一年。人人都说俺女婿大，嗨，大不大的俺可不嫌，他知道疼俺。今天我要回俺娘家去，俺丈夫一把拉我到床跟前。我问他还有什么话，他偷偷地递给俺二百钱，他说道，这一百给你雇毛驴，那一百饿了你打打尖……"

从唱词中我们知道这是个性格开朗、爱说爱笑的小媳妇，话里话外地透着夫妻恩爱、怀孕初始的某种幸福感。这样的农村小媳妇跟半大不小的毛孩子凑成堆儿，是很容易发生点故事的。两人一碰面儿，少不得就要讨价还价。王小却趁机要占她的便宜，他要跟她攮攮手。他这个攮手，也有他的道理，牲口市上的生意都是通过攮手伸手指头成交的。二姑娘不同意，要跟他明着来，待讲到一百六十个钱，二姑娘再也不添了，王小就又使开了坏，连着问了几遍：你不添了？你这一辈子也不添了？上路不久，二姑娘突然有不适之感。王小知她有病之后让她下来，二姑娘这才告诉他，她这病死不了人，只是大口吃姜不觉得辣，大口喝醋不觉得酸。王小就又说，你这个病，不说我也知道……

码头调。盛行于嘉庆、道光年间（1796—1850），张次溪《人民首都的天桥》中说："这种小曲，是从花船上的媚曲变化出来的。随唱的乐器，有弦子、琵琶、四弦和胡弦。"

道光八年（1828），华广生编选的《白雪遗音》刻本中，共收入马头调五百一十多首，分《马头调》《马头调带把》《马头调带把湖广调五更》等不同形式。唱词内容以情歌为多，共有四百三十多首，如《卖相思》《独自一人》等。其他有从戏曲故事改编的《凤仪亭》《醉打山门》等几十首；讽刺贪官、赃官的政治歌谣《不认的粮船》和《李毓昌案》两首；描述风光景物的有《济南八景》《元旦》等十几首；《戏名》《古人名》等游戏篇目十五首。当时多由歌童演唱，后来才出现专业的盲艺人。

清代嘉庆二十四年（1819），学秋氏在《续都门竹枝词》中曾有"秋波临

小清河

去转难当，白眼看它顾曲郎。一自'马头勾调'盛，瞎姑镇日瞎奔忙"的诗句。据白凤鸣（1909—1980）回忆，马头调"是运河南北流通时艺人在客、货船中演唱的一种小曲。流行于河北武清到通县一带的称'北板马头调'；流行于沧县、德州、郑家口、临清一带的，称'南板马头调'"。

《白雪遗音》卷首刊有马头调的工尺谱。据清末民初人崇彝《道咸以来朝野杂记》记载："其腔调仅七个，倒换用之而已。不好听，然唱者最费力。凡师之教徒，多以此为课程，练习音与气也。近来无唱者，以不受欢迎故耳。"这种说法指的应是北板马头调。南板马头调则曲调徐缓、婉转动听。杨懋建在《梦华琐记》中提到："京城极重马头调，游侠子弟必习之。硁硁然……几与南北曲同其传授，其调以三弦为主，琵琶佐之。"

自清代中叶以来，小清河两岸的市井乡间，到处是歌声飘荡，大人小孩几乎人人能歌善唱，整个小清河流域也是词曲名家辈出。

除此之外，小清河流域的民间歌谣也独特而精彩，有巨大的民俗学价值，选录几首，如下：

数星星

一颗星两颗星，提溜提溜打油星。

油星转，狗推碾，猫烧火，

鸭子拽拉拽拉地拿柴火，

老鼠在炕上捏窝窝，

捏一个，吃一个，

猫说你光吃不给我，

吃了老鼠砸了锅。

拉大锯

拉大锯，扯大锯，

王大娘家唱大戏。

接闺女，请女婿，

亲家婆，你也去。

没有好的给你吃，

秫秫面子饼摝苜蓿，

宝宝饱了看戏去。

拍案板

拍、拍、拍案板，大狗小狗上南山。

紧走，慢走，插花，卖柳。

金鹁鸽，银鹁鸽，拿套来，套一个。

小小子儿

小小子儿，坐门墩儿，

哭哭啼啼要媳妇儿。

你要媳妇儿好干啥？

点灯说话儿，吹灯做伴儿，

早晨起来梳小辫儿。

苦菜花

苦菜花，香椿芽，俺请姐姐去喝茶。

茶又香，糖又甜，俺请姐姐逛花园。

花园里，一汪水，

小心沾了姐姐的花裤腿儿。

姐姐，姐姐，你别哭，明天娘家娶媳妇。

拉开桌子摆上席，你一盅，我一盅，

咱俩拜个干弟兄。

扁豆花

扁豆花，一嘟噜，俺娘教俺织绒布。

哥哥嫌俺织得密，嫂子嫌俺织得粗。

娘啊娘啊俺受不得，骑马回俺婆家去。

嫂子送到大门外，哥哥送到上马台。

上马台，一把火，烧着嫂子我念佛，

烧着哥哥疼煞我。

颠倒话

东西街，南北走，顶头碰上人咬狗。

搬起狗来砸砖头，又叫砖头咬了手。

老鼠叼着狸猫跑，口袋驮着毛驴走。

鸡蛋

鸡蛋鸡蛋壳壳，里面坐着哥哥。

哥哥出来买菜，里面坐着奶奶。

奶奶出来烧香，里面坐着个姑娘。

姑娘出来点灯，烧了鼻子窟窿。

第八章

赏美景学士著文
述风流才子赋诗

左符千里走东方，喜有西湖六月凉。

塞上马归终反覆，泰山鸱饱正飞扬。

懒宜鱼鸟心常静，老觉诗书味更长。

行到平桥初见日，满川风露紫荷香。

湖面平随苇岸长，碧天垂影入清光。

一川风露荷花晓，六月蓬瀛燕坐凉。

沧海桴浮成旷荡，明河槎上更微茫。

何须辛苦求人外，自有仙乡在水乡。

——[宋]曾巩《西湖二首》

　　此处的"西湖"，不是指杭州西湖，而是指"大明湖"。在济南古城的北
面，有一片湖水，六朝时曾叫作"莲子湖"，隋唐时叫"历水陂"，北宋时叫

大明湖

"西湖"。金代元好问《济南行记》里称之为"大明湖",自此"大明湖"定名。古代的大明湖水域比现如今要广阔,南到珍珠泉,北到华不注山,游人可以乘船从湖中出泺水,直达小清河。

曾巩

对于小清河流域风景的描写,在诸多文人墨客中,曾巩留给济南的诗文几乎是最多的,尤其是题咏大明湖风物的诗作,比如《北渚亭》《北渚亭雨中》二诗,《百花堤》《百花台》《芙蓉桥》《水西亭书事》《水香亭》《环波亭》《雨后环波亭次韵四首》等。

曾巩(1019—1083),字子固,建昌军南丰人,后居临川,北宋著名的散文家、史学家、政治家。其人廉洁奉公、勤于政事,关心民生疾苦,与曾肇、曾布、曾纡、曾纮、曾协、曾敦并称"南丰七曾"。作为"唐宋八大家"之一,曾巩文学成就卓然不群,文章"古雅、平正、冲和",世称"南丰先生"。

曾巩出身世家,祖父曾致尧、父亲曾易占皆是北宋名臣。曾巩天资聪慧,记忆力超群,幼时读诗书,脱口即能吟诵,年十二能为文章。嘉祐二年(1057)进士及第,任太平州司法参军,以"明习律令、量刑适当"而闻名。熙宁二年(1069)任《宋英宗实录》检讨,不久被外放越州通判。熙宁五年(1072)后,历任齐州、襄州、洪州、福州、明州、亳州、沧州等知州。元丰四年(1081),以史学才能被委任史官修撰。元丰五年(1082)卒于江宁府,追谥"文定"。

　　1071年，曾巩由于朝廷纷争，自求外任，先到越州任职，后来又任齐州知州。从南北朝时期到隋唐，济南向称齐州或齐郡。到任后的曾巩，在整饬社会秩序的同时，被齐州的美景所吸引，先前的世事纷争留在心底的阴霾彻底消散，所以诗人说自己是"塞翁失马"。

　　曾巩整饬秩序的事例很多。有一周姓富户，其子名高，为富不仁，横行乡里，引起极大民愤。但周家"力能动权贵"，与地方官沆瀣一气，鱼肉百姓。曾巩初来乍到便闻其恶名，命人搜集证据，依法惩处了周高。章丘一带，当时有一伙叫作"霸王社"的土豪，杀人越货，无恶不作。曾巩派兵将他们一窝端掉，三十一名罪犯被判刑，发配边疆。他还在齐州开创了"保伍"之法，以五户为一保，监督出入，有盗贼则鸣鼓相援。经过曾巩的一番治理，齐州的偷盗、劫掠等事件明显减少，由治安案件多发之州变成了平安之州，风气为之一清。

　　曾巩既勤政又务实，凡事能从实际出发。当时治理黄河，朝廷从各地调集民工，给齐州的名额是调丁两万。当时很多地方有漏登、瞒报户口的现象，

大明湖曾巩展览馆

曾巩听说后，马上布置人口普查工作，并反复核实，最后统计的结果，是"九丁抽一"即能满足需求。这样一来，许多寻常百姓免去了徭役之苦，减轻了负担。曾巩有序推行王安石的新法，刺激了农业生产，当时很多官吏阳奉阴违，破坏了新法的成果，曾巩的做法是非常值得赞誉的。他还组织修建了齐州的北水门，疏浚了大明湖，解决了困扰齐州城多年的水患问题。

后人在千佛山建"曾公祠"，在大明湖畔建"南丰祠"，纪念曾巩为齐州所做的巨大贡献。虽然他在齐州任上只有短短的两年，但是政绩斐然，口碑极好。当百姓们听说他要调离时，极力挽留，最后曾巩只好在夜间出城离任，也是一段佳话了。

济南杂诗

[金]元好问

其一

儿时曾过济南城，暗算存亡只自惊。
四十二年弹指过，却疑行处是前生。

其二

匡山闻有读书堂，行过山前笑一场。
可惜世间无李白，今人多少贺知章？

其三

华山真是碧芙蕖，湖水湖光玉不如。
六月行人汗如雨，西城桥下见游鱼。

其四

吴儿洲渚是神仙，鬈画溪光碧玉泉。
别有洞天君不见，鹊山寒食泰和年。

其五

石刻烧残宴集辞，雄楼杰观想当时。

只应画戟清香地，多欠韦郎五字诗。

其六

斫来官树午阴轻，湖畔游人怕晚晴。

一夜灵泉庵上宿，四山风露觉秋生。

其七

白烟消尽冻云凝，山月飞来夜气澄。

且向波间看玉塔，不须桥畔觇金绳。

其八

人秋云物便凄迷，一道湖光树影齐。

诗在鹊山烟雨里，王家图上旧曾题。

其九

荷叶荷花烂漫秋，鹭鸶飞近钓鱼舟。

北城佳处经行遍，留著南山更一游。

其十

看山看水自由身，著处题诗发兴新。

日日扁舟藕花里，有心长作济南人。

元好问（1190—1257），字裕之，号道山，山西太原秀容人。据说是北魏太武帝拓跋焘的后代，其先祖相继迁居洛阳、汝州、平定州等地，至元好问曾祖父元春（一作椿）时，移家忻州。祖父元滋善，金朝海陵王正隆二年（1157）任柔服丞；父亲元德明多次科举不中，以教授乡学为业，著有《东岩集》。

由于元好问的二叔和三叔都没有儿子，而元好问兄弟三个，根于传统，叔父元格在元好问七个月时，就把他作为过继儿子带到掖县县令任上。

元好问天资聪明，七岁即能写诗，时人誉之为"神童"。十一岁时，元格在冀州任职，元好问得到翰林侍读学士兼知登闻鼓院路择的赏识，路择"爱其俊爽，教之为文"。十四岁，元好问师从博通经史、淹贯百家的陵川人郝晋卿。元好问十七岁那年，元格被罢去陵川县令之职，但元格为了儿子的学习，仍继续住在陵川，直到元好问十九岁完成学业，才携全家老小离开陵川。

十六岁起，元好问开始参加科举考试。金章宗明昌元年（1190）"识免乡试"，元好问直接到并州参加府试，但落榜而归。泰和八年（1208）十九岁时，他又到长安参加府试，再次铩羽而归。二十一岁时，元好问返回故里，在离祠堂几十里外的定襄遗山读书，自号"遗山山人"。两年后，蒙古大军突袭秀容，屠城十万余众，其兄元好古丧生。为避兵祸，元好问举家迁往河南福昌，后转徙登封。

卫绍王崇庆元年（1212），元好问到中都第三次参加考试，仍未考中。这年正月，金朝三十万大军被蒙古击败。蒙古逼近中都，路途的坎坷、国家的危机、考试的失败，让元好问情绪非常低落。贞佑二年（1214），蒙古兵围攻中都，金兵节节败退，金宣宗仓皇迁都南京。

这年夏天，元好问赴京参加考试。虽然又一次失败，但他却通过应试的机会，与赵秉文、杨云翼、雷渊、李晏等朝中名人、权要结识，也迎来了人生第一个创作丰收期。其《箕山》《元鲁县琴台》等篇章，深得时任礼部尚书的赵秉文赞赏，元好问遂名震京师，被誉为"元才子"。

不久，由于蒙古兵围攻，元好问不得不由山西逃难到河南，在豫西定居下来。贞佑五年（1217），二十八岁的元好问又赴京赶考，仍未成功。兴定五年（1221），三十二岁的元好问好不容易进士及第，却因科场纠纷，被诬为"元氏党人"，愤然不就选任。正大元年（1224），三十五岁时，元好问得到赵秉文等人的贡举，以考试优异得中科举，被任为权国史院编修。

金哀宗正大二年（1225），三十六岁的元好问因不满冷官生活请长假回到了登封，其间，撰写了一部重要著作《杜诗学》，内容包括杜甫的传志、年谱和唐朝以来评论杜诗的言论。

正大三年（1226），元好问任河南镇平县令。次年，改官河南内乡县令。其后因母亲张氏身故，丁忧闲居内乡白鹿原。应邓州节度使移剌瑗之邀，赴任幕僚。不久，蒙古军攻陷凤翔，移剌瑗投降，元好问借机辞去幕府。

正大八年（1231），元好问调任南阳县令，在任上大刀阔斧进行改革，成绩斐然。河南志书称他"知南阳县，善政尤著"。《南阳县志》记载："南阳大县，兵民十余万，（元好问）帅府令镇抚，甚存威惠。"此后不久，赴京调金中央政府任尚书省令史，移家汴京。后升任左司都事，转任尚书省左司员外郎。官至翰林知制诰。

天兴二年（1233），蒙古军围汴京，元好问被围城中。金哀宗逃出京城，兵败卫州后逃往归德府。朝中无主，崔立率兵向蒙古请降献城。崔立投降蒙古后，胁迫朝臣为自己立碑歌功颂德，元好问、王若虚、刘祁等都被迫参加撰写碑文，磨掉宋徽宗所立《甘露碑》字迹，刻上碑文。天兴二年（1233）四月，蒙古兵攻破汴京，元好问即向当时任蒙古国中书令的耶律楚材推荐了王若虚等五十四个中原秀士，请耶律楚材予以保护和任用。

金亡后，元好问等金朝大批官员被俘，被押往山东聊城看管两年，后居住冠氏县。作为囚徒，元好问与家人辗转于聊城等地，并逐渐与蒙古国的汉军首领严实、赵天锡等接上关系，生活逐渐好转，行动也较为自由。这期间，他痛心金国的沦亡，以诗存史，编辑金国已故君臣诗词总集《中州集》。以"中州"名集，则寓有缅怀故国和以金为正统的深意。

元太宗十一年（1239）秋，因其诗文名气颇大，耶律楚材倾心接纳元好问。而知天命之年的元好问已无意出仕为官，重回家乡隐居，交友游历，潜心著述。

元好问的文学成就以诗歌创作最为突出，尤其是"丧乱诗"，奠定了他在文学史上的地位。金朝灭亡前后，元好问写了《岐阳》三首、《壬辰十二月车驾东狩后即事》五首、《俳体雪香亭杂咏》十五首、《癸巳五月三日北渡》三首、《续小娘歌》十首等作品，广泛而深刻地反映了国破家亡的现实，具有诗史的意义。

就其"丧乱诗"艺术上的概括力和情感上的真挚性来说，元好问是杜甫以后少有的。但他不像杜甫那样，对国家的复兴还抱有希望，他是既绝望而又不甘心，郁结的感情爆发为悲歌。

《岐阳》其二

百二关河草不横，十年戎马暗秦京。
岐阳西望无来信，陇水东流闻哭声。
野蔓有情萦战骨，残阳何意照空城。
从谁细向苍苍问，争遣蚩尤作五兵。

癸巳五月三日北渡

其一

道旁僵卧满累囚，过去辎车似水流。
红粉哭随回鹘马，为谁一步一回头？

其二

随营木佛贱于柴，大乐编钟满市排。
虏掠几何君莫问，大船浑载汴京来。

其三

白骨纵横似乱麻，几年桑梓变龙沙。
只知河朔生灵尽，破屋疏烟却数家。

笔笔皆为血泪，字字饱含悲愤。清代文学家、史学家赵翼在《题元遗山集》中评价："国家不幸诗家幸，赋到沧桑句便工。"山河的破碎、诗人的忧患，造就了这些旷世之作。

元好问与济南缘分不浅，一生中至少到过济南三次。第一次是在明昌五年（1194），当时只有五岁，随"从先陇城府君官掖县"（元好问《济南行记》）途中，元好问第一次到济南。但由于当时尚且年幼，这次济南之行并未能给他留下多少清晰的记忆，长大之后"但能忆其大城府而已"，"闻人谈此州风物之美、游观之富，每以不得一游为恨"。

蒙古太宗七年（1235）七月，元好问第二次来济南，距第一次来已有四十二年。此时的元好问经历了亡国之变，故在客寓济南期间所作的《济南杂诗十首》之一中有"儿时曾过济南城，暗算存亡只自惊。四十二年弹指过，却疑行处是前生"这样的感慨。元好问在济南住了二十余天，遍游了名山胜水，"前后所得诗凡十五首"，并作有长篇游记《济南行记》，详细记述了行程、交游、见闻和感受。

元好问这次来济南，是应在济南任漕司从事的李辅之（名天翼）的邀请而来的。路经齐河时，元好问邀上好友杜仲梁（本名仁杰，字仲梁，号善夫。元初著名散曲家。所作散曲，见于元人各曲集）同行。

到济南后，李辅之和同僚权国器，在位于济南府署后的历下亭故基设宴置酒，为元好问和杜仁杰接风洗尘。历经二十余年的战乱，当时济南的许多名胜古迹（如历下亭）都毁于战火，许多高甍画栋不复其旧，"惟有荆榛瓦砾而已"。即使这样，其仍"天巧具在，不待外饰而后奇也"。当时大明湖"秋荷方盛，红绿如绣"，令人"渺然有吴儿洲渚之想"，使元好问发出"大概承平时，济南楼观天下莫与为比"的感叹。

此后的十几天里，元好问在解飞卿的陪同下，游览趵突泉六七次；应高姓道士的挽留，在金线泉畔的灵泉庵内住了三宿；想要亲眼看一下泉浮金线之奇观，和解飞卿在金线泉边徘徊了三四天，但最终未能如愿；到舜祠寻访过杜康泉，不过当时的杜康泉已经湮没，当地人依稀能指出其所在之处——"舜祠西庑下"；在舜井，观看了欧阳修《留题齐州舜泉》诗大字石刻，作《舜泉，效远祖道州府君体》诗；到张舍人园亭内观赏了珍珠泉，感叹其友雷渊二十年前

所作的《济南珍珠泉》
一诗甚为工整。

他们两次泛舟大
明湖，在北渚亭远眺匡
山、药山、鹊山、华不
注山诸山，与友人在历
下亭怀古分韵赋诗。其
后，从大明湖"东入水
栅"，至绣江，和府参
佐张子钧、张飞卿宴饮

于绣江亭，"漾舟荷花中十余里""剧谈豪饮""抵暮乃罢"，并作《绣江泛
舟，有怀李、郭二公》一诗。

在绣江游玩了五天后，元好问再次返回济南，在城内住了两天。离济前
夕，元好问第三次泛舟大明湖。杜仁杰因故未至，元好问作一首《泛舟大明湖
（待杜子不至）》以记之。第二天，元好问恋恋不舍地离开济南，取道齐河，
返回聊城旧居。

清初著名文学家王士禛曾说："元好问济南题咏，尤多而工。"此论甚
为精当，元好问第二次游济南期间，前后共赋诗近二十首、文一篇。《济南杂
诗十首》第二首曾咏及匡山，并以戏谑的语言否定了李白曾在济南匡山读书之
说；第十首总写其济南之游的感受和从此"长作济南人"的愿望。《题解飞卿
山水卷》一诗中亦有："平生鱼鸟最相亲，梦寐烟霞卜四邻。羡杀济南山水
好，几时真作卷中人。"在《舜泉，效远祖道州府君体》一诗的结尾，也有
"便为泉上叟，抔饮终残年"之句。

《济南行记》一文极具文献资料价值，当时的历下亭故基在府宅之后，
"旁近有亭曰环波、鹊山、北渚、岚漪、水香、水西、凝波、狎鸥。台与桥同
曰百花芙蓉，堂曰静化，轩曰名士。水西亭之下湖曰大明，其源出于舜泉，其
大占城府三之一"。写到趵突泉时，有"往时漫流才没胫，故泉上涌高三尺

许。今漫流为草木所壅，深及寻丈，故泉出水面才二三寸而已。近世有太守改泉名槛泉，又立槛泉坊，取诗义而言，然土人呼爆流如故"。

文中元好问为济南的众多名泉排了座次："凡济南名泉七十有二，爆流为上，金线次之，珍珠又次之。若玉环、金虎、黑虎、柳絮、皇华、无忧、洗钵及水晶潭，非不佳，然亦不能与三泉侔矣。"

蒙古太宗八年（1236）三月下旬，元好问还曾有过一次济南之行。应冠氏县令赵天锡之约，元好问陪其至泰安会见东平路总管、行军万户严实，路过济南的长清、平阴等地，并曾在灵岩寺、龙泉寺各住一宿，作有《龙泉寺四首》。在《东游略记》一文中，元好问对在济南长清郭巨庙、隔马祠、灵岩寺及平阴龙泉寺内的见闻做了详细记述。

据遗山《济南行记》，乙未（1235）秋七月，"以故人李君辅之之故"而至济南，与李辅之两次畅游大明湖，"荡漾荷花中十余里"。当时"秋荷方盛，红绿如绣，令人渺然有吴儿洲渚之想"。次年丙申三四月间，遗山游泰山，道出济南，又与辅之欢聚。作《临江仙》《清平乐》二首。

临江仙

荷叶荷花何处好？大明湖上新秋。红妆翠盖木兰舟。江山如画里，人物更风流。

千里故人千里月，三年孤负欢游。一尊白酒寄离愁。殷勤桥下水，几日到东州！

清平乐

江山残照，落落舒清眺。涧壑风来号万窍，尽入长松悲啸。

井蛙瀚海云涛，醯鸡日远天高。醉眼千峰顶上，世间多少秋毫！

离开济南三年后，元好问再次写下两首怀念济南故人和风物的词，在晚年所作的《鹧鸪天·莲》一词中，元好问又一次表达了想要重游济南、和故友泛舟大明湖的愿望："何时北渚亭边月，狼藉秋香拂画船。"在其《天涯山》一诗中也有"东州死爱华不注"之句。《惠远庙新建外门记》一文中，元好问以"秀润"二字概括济南的风貌特点，可谓极精准。

按理说，经过无数次的科举失败，济南应该是蒲松龄的伤心地。然而，济南的风光美景又给了他深刻的慰藉。在他的诗文中，有关济南的题咏保存有数十篇之多，明湖轻舟、佛山翠嶂、鹊华烟云、趵突涌泉，都一一展现在他的笔下，其《珍珠泉》一诗有"稷下湖山冠齐鲁，官寮胜地有佳名。玉轮滚滚无时已，珠颗涓涓尽日生。"之句。

济南自开商埠以来，游客也是络绎不绝。游览大明湖，最好是坐船。大明湖游船有两种：一种是画舫，一种是电动脚踏船。

画舫的式样和南京秦淮河上的相差仿佛，内部布置却犹有过之。秦淮河上的画舫更为精致，大明湖上的画舫气势更加恢宏，可以坐二三十人，船身阔而

大明湖游船

第八章 赏美景学士著文 述风流才子赋诗

长，远远望去如水上亭阁一般。船头是平正的方形，有轩敞的弧形棚盖，栏杆间雕染金色花纹。棚前一块匾，上有名人题字，也就是这艘画舫的名字。

前棚进去，遇一画屏，其上多用曲折的木条构成图案，中间玻璃框嵌着没骨花卉。画屏左右各有门框，通往内舱。内舱的布置更为精致，舱房四周玻璃窗连贯起来，仿佛透明的宫殿，游客坐在舱里便可饱览湖中景色，视线毫无阻碍。船身平稳，透过玻璃窗，湖中景象一幅一幅流过，船底下水声轻荡，远处鸟鸣啁啾，令人神游物外，如入画境。除了比较高档的画舫，还有一种脚踏船，更为大家欢迎。

游客可到湖心历下亭下船。历下亭一带的建筑倒映在湖水中，上岸，一座小亭子，左右悬着一副硬木联，联上有杜甫诗句："海右此亭古，济南名士多。"由晚清著名诗人、画家、书法家何绍基题写。

李邕（678—747），字泰和，鄂州江夏人。唐朝著名书法家，文选学士李善之子。出身赵郡李氏江夏房，博学多才，少年成名。起家校书郎，迁左拾遗，转户部郎中，调殿中侍御史，迁括州刺史，转北海太守，史称"李北海""李括州"。

大明湖画舫

开元年间，李邕与杜甫在长安结为忘年之交。天宝四年（745），诗人杜甫到临邑看望其弟杜颖，路经济南之时，适逢北海太守李邕至济。李邕在历下亭宴请杜甫及济南名士，杜甫当即赋《陪李北海宴历下亭》诗一首赠之。

陪李北海宴历下亭

[唐]杜甫

东藩驻皂盖，北渚凌清河。

海右此亭古，济南名士多。

云山已发兴，玉佩仍当歌。

修竹不受暑，交流空涌波。

蕴真惬所欲，落日将如何？

贵贱俱物役，从公难重过！

历下亭

　　小岛中央一座重檐式八角亭，朱漆梁柱间雕镂花纹。正中金字横匾，题"历下亭"三字。亭内有乾隆手题碑记。后面五间平屋，便是"名士轩"，轩内四壁挂满书画碑帖。名士轩东首有一道回廊，通往历下亭之前，三间小楼，便是"临湖阁"；西首亦有回廊连系，几幢宽广的殿宇，清静简雅。

　　北岸有"北极庙"。北极庙，旧称北极阁、北极台，也叫北庙（见明人王象春《齐音》），是在曾巩修建的北渚亭遗址上兴建的，始建于元初，明永乐、成化年间两次重修，清朝又多次整修，背城面湖，庙基高耸，门前有三十多级台阶，是大明湖北岸最高的地方。

　　庙里供奉"玄武真君"。为了避宋代皇帝赵匡胤字"玄朗"的讳，把"玄"字改为"真"，称为"真武大帝"。庙是两进，最早只有前面的正殿；明成化年间重修时，又增修了后面供奉真武大帝父母的享殿。享殿最初名净乐宫，后改称启圣殿。

北极庙

　　北极庙一旁，是济南北门，称作"汇波门"。按照习俗，这重门是"门虽设而常关"的，据说如果开了北门，济南全城便有异灾。但如果在大旱的年头，百姓祈雨，只要把南门关闭，把北门打开，雨水便会及时降落。这当然是一种迷信。

　　历下亭之西，还有一所"铁公祠"。"铁公"指的是明初和燕王为难的铁铉，后人敬他忠烈，立祠奉祀。祠庙建得精致，祠内有池，池中有"小沧浪亭"，亭北有"净香厅"和"得月亭"等。正殿内有铁铉的塑像，殿外石碑上刻写铁公祠题记，出自光绪帝师、清代著名书法家翁同龢的手笔。

小清河畔还有稼轩祠、月下亭、秋柳园、明昌钟亭等多处名胜景点，大都留下了古代著名文人墨客的大作。

稼轩祠

附：

济南行记

[金]元好问

予儿时从先陇城府君官掖县，尝过济南，然但能忆其大城府而已。长大来，闻人谈此州风物之美，游观之富，每以不得一游为恨。

岁乙未秋七月，予来河朔者三年矣。始以故人李君辅之之故，而得一至焉。因次第二十日间所历，为行记一篇，传之好事者。

初至齐河，约杜仲梁俱东。并道诸山，南与太山接，是日以阴晦不克见。至济南，辅之与同官权国器置酒历下亭故基。此亭在府宅之后，自周齐以来有之。旁近有亭，曰环波、鹊山、北渚、岚漪、水香、水西、凝波、狎鸥。台与桥同曰百花芙蓉，堂曰静化，轩曰名士。水西亭之下，湖曰大明，其源出于舜泉，其大占城府三之一，秋荷方盛，红绿如绣，令人渺然有吴儿洲渚之想。大概承平时，济南楼观天下莫与为比；丧乱二十年，惟有荆榛瓦砾而已。正如南都隆德故宫，额圮百年，涧溪草树，有荒寒古淡之趣。虽高薨画栋，无复其旧，而天巧具在，不待外饰而后奇也。

几北渚亭，所见西北孤峰五：曰匡山，齐河路出其下，世传李白尝读书于此。曰粟山，曰药山，以阳起石得名。曰鹊山，山之民有云：每岁七八月乌鹊群集其上，亦有一山皆曰鹊时，此山之所以得名欤！曰华不注，太白诗云："昔岁游历下，登华不注峰。兹山何峻秀，青翠如芙蓉。"此真华峰写照诗也。大明湖由北水门出，与济水合，弥漫无际，遥望此山，如在水中，盖历下城绝胜处也。

华峰之东有卧牛山，正东百五十里邹平之南有长白山，范文正公学舍在焉，故又谓之黉堂岭。东十里有南北两妙山，两山之间有闵子骞墓，西南大佛头岭下有寺。千佛山之西有函山，长二十里所，山有九十谷，太山之北麓也。太山去城百里而近，特为函山所碍，天晴登北渚，则隐隐见之。历山去城四五里许。山有碑云："其山修广，出材不匮。"今但兀然一丘耳。西南少断有蜡山，由南山而东，则连亘千里，与海山通矣。

爆流泉在城之西南。泉，泺水源也，山水汇于渴马崖，洑而不流，近城出而为此泉。好事者曾以谷糠验之，信然。往时漫流才没胫，故泉上涌高三尺许。今漫流为草木所壅，深及寻丈，故泉出水面才二三寸而已。近世有太守改泉名槛泉，又立槛泉坊，取诗义而言，然土人呼爆流如故。爆流字又作趵突，曾南丰云然。金线泉有纹若金线，夷犹池面。泉今为灵泉庵，道士高生妙琴事，人目为琴高，留予宿者再。进士解飞卿好贤乐善，款曲周密，从予游者凡十许日，说少日曾见所谓金线者。尚书安文国宝亦云："以竹竿约水，使不流，尚或见之。"予与解裴回泉上者三四日，然竟不见也。杜康泉今湮没，土人能投其处。泉在舜祠西庑下，云杜康曾以此泉酿酒，有取江中泠水与之较者，中泠每升重二十四铢，此泉减中泠一铢。以之瀹茗，不减陆羽所第诸水云。舜井二，有欧公诗，大字刻石。《甘露园纪·历下泉》云："夫济远矣，初出河东王屋曰沈水，注秦泽，潜行地中，复出共山，始曰济。故禹书曰：道沈水东之，逾温，逾坟城，入于河。溢于荥，泆于曹濮之间，乃出于陶丘北，会于汶，过历下泺水之北，遂东流。且济为之渎，与江、淮、河等大而均尊。独济水所行道，障于太行，限于大河，终能独达于海，不然则无从谓之渎矣。江、淮、河行地上，水性之常者也；济或泆于地中，水性之变者也。"予爱其论水之变与常，有当于予心者，故并录之。珍珠泉今为张舍人园亭。二十年前，吾希颜兄尝有诗。至泉上，则知诗力工矣。凡济南名泉七十有二，爆流为上，金线次之，珍珠又次之，若玉环、金虎、黑虎、柳絮、皇华、无忧、洗体及水晶潭，非不佳，然不能与三泉侔矣。

此游至爆流者六七，宿灵泉庵者三，泛大明湖者再。遂东入水栅。栅之水名绣江，发源长白山下，周围三四十里。府参佐张子钧、张飞卿觞予绣江亭，漾舟荷花中十余里，乐府皆京国之旧，剧谈豪饮，抵暮乃罢。留五日而还。道出王舍人庄。道旁一石刻云：隋开皇丙午十二月铅珍墓志。珍，巴郡武昌人，学通三家，优游田里，以寿卒。志文鄙陋，字以巴为己，盖周隋以来俗书传习之弊。其云葬包山之西者，知西南八丘为包山也。以岁计之，隋开皇六年丙午，至今甲午，碑石出圹中，盖十周天余一大衍数也。道南有仁宗时侍从龙图张侍郎揆读书堂。读书堂三字东坡所书，并范纯粹律诗，俱有石刻。揆字叔文，自题仕宦之后，每以王事至某家，则必会乡邻甥侄，尽醉极欢而罢，各以岁月为识。叔文有文誉，仕亦达，然以荣利之故，终身至其家三而已。名宦之役人如此，可为一叹也。

至济南，又留二日，泛大明，待杜子不至。明日，行齐河道中，小雨后，太山峰岭历历可数，两旁小山间见层出，云烟出没，顾揖不暇。恨无佳句摹写之耳。前后所得诗凡十五首，并诸公唱酬，附于左。

JINAN 济南故事

第九章

逢盛世清河复航
民风淳源远流长

初夏时节，天朗气清，微风阵阵拂面而来，站在小清河畔，令人神清气爽。与此同时，绵延数百里的小清河复航工程也正如火如荼地进行着，由于现代技术的介入，复航进度远远超过以往，挖掘机的摆臂上上下下，缝纫机一般将小清河淤积的河道织成灿烂华章。

鉴于小清河的历史地位和航运潜力，2018年12月，《小清河生态景观带总体规划及景观设计》编制完成。在总体规划中，疏通后的小清河将打造六大特色景观节点、六大风貌带，成为一条"山水生态格局稳定、泉城文化特色彰显、促进北跨动能转换流动的城市活力脊"。

六大景观节点自西向东分别为"睦里桃源""涤心雅境""悦动山韵""风华济南""泉城印象""齐烟揽华"；与之相匹配，建设六大风貌带，分别是睦里桃源段、康体养生段、静享乐活段、济泺风情段、古济新貌段和山水艺术段。

睦里桃源段，主要是利用现有的林地，适当增植新苗，小清河两岸增加

小清河源头——济西湿地景观

桃李类春季观花植物，形成"桃溪柳陌"的世外桃源郊野景观氛围。

小清河岸海绵路

康体养生段，结合自然驳岸和现状场地扩建亲水平台和沿河木栈道，打造立体亲水环境，形成竹林绿道和杉林栈道，打造"松草延年"的植物体系。

静享乐活段，运用动感的曲线和丰富的色彩，展现活力运动文化，结合现状腹地宽度，游步绿道与慢跑绿道时而合并时而分离，局部结合地势打造立体绿道，植物以色叶植物为主，形成"金玉满堂"的种植特色。

济泺风情段，依托现状绿地及津浦铁路整合出民国特色公园、亲水慢步道、临水栈道，抽取民国铁路月台、铁轨等文化符号设计景观小品，植物种植以"荷风槐影"为特色，延续风华济南节点，展现绿色活力、水岸相容、色调鲜明的民国特色景观。

古济新貌段，依托现状公园及码头整合出板桥公园、板桥码头、旱喷广场等一条跨越小清河南北的景观轴线，增强市民与水的互动关系，打造"榆荫柳巷"的植物氛围，整体河岸景观延续泉城印象节点，展现开放大气、水岸相容、色调沉稳的中式景观。

山水艺术段，则是以流畅、简洁的折线线条布局，诠释简约的设计风格，突显现代艺术特质，展现"秋水映霞"的秋色叶植物特色，北岸增加连续花廊，形成特色鲜明的观花廊道，同时解决遮阳需求。

小清河增强了济南等山东其他城市和东南沿海的经贸联系。小清河开通

小清河新貌

以前，济南以东、淄河以西、泰鲁山脉以北、黄河以南的这大片平原没有一条贯穿东西的河流，而这一带恰恰又是山水、泉水、湖泊众多的地区，经常受水灾之害。由于小清河的开通，使这一大片地区有了一条横贯东西的河流，不仅增强了这里的排涝、抗旱能力，还极大地便利了这片地区物资特别是食盐的运输，便利了沿河居民的交往。

在章丘境内，由于小清河连接了白云湖、绣江河、漯河、芽庄湖等水系，也就沟通了整个章丘的水运经济体系。章丘境内所有的物资都可以通过就近的水岸码头装船运往小清河，而小清河又连通着济水航道，直通运河水系，这样，章丘的商船航道就并入了整个运河体系，极大地促进了章丘经济的发展。章丘古代的码头商埠，莫不是因为有了小清河的航运水系才出现，比较著名的有老僧口、赵官桥、浒口、薛渡口、柳塘口等。

　　小清河的通航使济南在水上交通中的地位日益突出。从西汉到宋代，山东一带的政治中心是青州。与济南相比，青州只通陆路，而济南在金元时期却是水陆皆通。在元代，虽然行政机构山东东西道宣慰使司仍设于益都路，但监察机构山东东西道肃政廉访司已设于济南。到明初，行政机构山东承宣布政使司移至济南，济南成为山东的政治中心。交通便捷应当是济南政治地位不断上升的重要因素之一。

　　有一利往往必有一害，由于小清河所经之地正是黄河经常决堤、泛滥、淤积的地区，加上小清河的河道不够宽广，其流经区域常在雨量充沛之年出现泄洪困难，往往洪水泛滥，淹没两岸；而在旱时，小清河又会淤积不通，需要疏浚治理。因此，随着小清河的开通，小清河的治理也随之开始。围绕小清河治理，不仅修堤坝，筑高堰，疏浚支流，还设置了多处闸所、开凿支脉沟等，使小清河的航运、灌溉、排洪得到改善，而这项工作一直持续至今日。

　　近年，山东省内河航道布局规划了"一纵三横"高等级航道网，小清河是其中的重要"一横"，规划等级为三级，是山东省现阶段唯一具备开发条件的

小清河新貌——济西湿地景观

水运通道，也是我国不可多得的具备海河联运条件的水运资源。小清河复航工程是山东省交通重点工程，目前已列入国务院批复的《山东新旧动能转换综合试验区建设总体方案》和交通运输部水运"十三五"发展规划。

小清河复航工程起点为济南市荷花路跨小清河桥下二百米处，途经济南、滨州、淄博、东营、潍坊五个地级市，九个区（县、市）（历城区、章丘区、高新区、邹平、高青、桓台、博兴、广饶、寿光），203个行政村。终点为潍坊港西港区羊口作业区，长170公里。主要建设内容包括：改建三级航道169公里，新建、改建水牛韩、金家堰、金家桥、王道四座通航建筑物；改建桥梁36座，其中国、省道公路桥10座，农村公路桥25座，铁路桥一座；改造过临河水利设施481座，过河管道32道，过河线缆264道；配套建设航道维护基地、导

小清河新貌——济西湿地景观

助航设施、数字化航道等支持保障系统。概算总投资近136亿元，集航运、防洪、生态、环保、旅游等多重效益于一体，是山东省新旧动能转换重大项目库第一批优选项目。

值得一提的是，小清河复航工程实现了多个"第一"：山东省省级第一个PPP项目，全国内河航道第一个PPP项目，山东省水运建设史上第一个投资超百亿元的项目，山东省第一个实现海河直通的水路交通项目，山东省航运史上建设内容最多、技术最复杂、创新最多的项目，也是山东省乃至全国设计最严谨、运作最规范的PPP项目，受到了财政部等国家部委的高度评价。

当前，小清河复航工程已经进入建设实施的新阶段，将于2022年完成全线通航的目标。项目建成后，可通行2000吨级船舶，同时还兼具泄洪、排涝、灌溉等功能，也是一条绿色观光长廊。

......

大片大片的红花绿植、五彩的喷泉、斑斓的游鱼……和老济南的历史紧密结合的现代景观幕布一般展现在世人面前。自2019年夏天开始，"古济新貌""静享乐活"等标准段一一开放，市民可越来越多地享受到令人赏心悦目的美景。

古风·昔我游齐都（节选）

[唐]李白

昔我游齐都，登华不注峰。

兹山何峻秀，绿翠如芙蓉。

萧飒古仙人，了知是赤松。

借予一白鹿，自挟两青龙。

含笑凌倒景，欣然愿相从。

李白诗中的华美仙境正慢慢变作现实。

天时地利，还必须人和，才能构成和谐社会。小清河流域的居民十分好客，在旧时家庭，举宴待客有一套约定俗成的规矩，至今还盛行不衰。

首先，请客时讲究提前约请。老济南有"三天为请，两天为叫，一天为提"的说法，请客时至少要提前三天邀请才表示足够的诚意，"叫"有"呼之即来"的意味，"提"更是有"提审犯人"的忌讳，我们经常说老辈对晚辈"耳提面命"，假如是待客，可就不礼貌之至了。怎样邀请也有讲究，要先送个请帖，俗称"下帖子"，以示郑重。

下请帖：设宴待客，有"主客"，有"陪客"，"主客"不必解释，"陪客"多为朋友亲戚或街坊邻居，但至少有一到两位"陪客"的身份不低于"主客"，起码要与"主客"相当，高于"主客"更好，这样更显得尊重"主客"，主人也有面子。自然，"陪客"还要"能说会道"，他们在宴席中的主要职责是为主人捧场和向"主客"劝酒，陪着"主客"聊天，假如出现冷场，那即是"陪客"的"失职"了，说明主人选人不当，所以选"陪客"是非常重要的一件事情，马虎不得。

排座次：客人来了，一般先是散座，喝茶。正式开宴之前，座次的排列是请客礼仪的重要内容。老济南人住的四合院，北屋是正房，常年摆有八仙桌、条几，宴客的席位一般就设在八仙桌旁。按照传统习俗，坐北朝南的位子正对着屋门的，是上席，其次则是坐东朝西的位子，再次是面东背西的位子。俗语有"南面不设席"的说法，但一般情况下也并不空出南面的位子，末席一般是陪客来坐。

三五十人的大宴，桌与桌之间的排列，也要讲究，一般首席居前、居中，东边依次为二、四、六席，西边为三、五、七席，根据主客的身份、地位分坐。宴席开始之前，主人应该提前到达，在靠门的位置等待，为来宾引座。而被邀请者，应该听从东道主的安排入座，如果不听指挥，一屁股坐在不该坐的位置，那这场宴席可能就开不了了。

作为主人，约好客人和陪客之后，就要置办酒菜，在宴席开始之前一个小时左右下厨烹调。所备之菜，一般不少于六个。两个最不像话，俗称"两瞪眼"，大盘的也不行；三个，一是不成双，二是犯了祭奠时"三牲"的忌讳，最不吉利；四个一般是伺候吹手的，吹手是被雇佣来吹唢呐的人，葬礼上的用法，四个菜等于"糟蹋人"。现在说起来似乎非常可笑，但如果犯了忌讳，是非常得罪人的。有条件的话，尽量八个菜以上，且必须双数。当然现在提倡"光盘"，节约为要，几个菜要视人数而定。

宴会如果安排在中午，一般是十二点开始，如果安排在晚上，则大多六点开始。宾主落座之后，主人需要作一简短的开场白，我们从很多电视剧中，特别是单田芳先生的评书里面时常会听到，什么"蒙各位赏光，寒舍蓬荜生辉""在下略备薄酒，不成敬意"之类，绝不能说个"吃好喝好"就算完。

接下来，要行"酬酢"之礼，主人向客人敬酒叫"酬"，客人回敬主人叫"酢"。济南人"酬"的惯常做法是"先饮以倡之"，即俗话说的"先饮为敬"。老规矩劝酒不可过量，所谓"茶七酒八"。后来流行"关系浅，舔一舔""感情深，一口闷"之类的劝酒话，频频干杯，大有不放倒客人不足以表达对其的尊敬之架势，有违请客的初衷。现在因"酒驾"处罚甚重，且人们注重养生，喝酒不劝酒已成共识，实为大好事。

主人或者"主陪"引领，在座之人共同举盅，先饮六盅、八盅或者十二盅，现在换玻璃杯，一般就是一杯分六口、八口或者十二口喝完，有六顺、八发、一年平安之意。近来也流行"七"的说法，所谓"七上八下"，一般适用于官场。每饮一次，共同举筷夹菜。

待"酒过三巡，菜过五味"之后，就要行酒令了。小清河流域，特别是济南一带，有个说法，叫"找官儿"——先是一人"坐庄"，一般从客人开始，一个一个挨着划拳，三拳两胜，输者罚酒，赢者陪酒。待每人找完"一官儿"之后，可再划"爱拳"，即喜欢谁就同谁划，这就不一定逐一进行了。宴席的结束仪式，是"主客"致答谢辞，然后共同喝掉"门前盅"，上饭，散席，送客。

小清河流域有俗语云："小寒大寒，打春过年。"立春，当地人称之为"打春"。打春这天，旧时要举行迎春仪式，有"喝春酒""吃春宴""咬春"等好玩的习俗，其中最有意味的，则是"打春牛"。以前昌盛街上有一座迎春庙，大殿内塑有古代官吏模样的"春神"。庙前立一纸扎的黄牛，高四尺余，头尾长八尺，身上画着四时八节时辰等图纹，黄牛旁边还配有纸扎的耕犁。立春那天的清晨，县官来到之后，活动开始。首先是燃放鞭炮，百姓们跪拜春神，并给县官老爷行大礼。然后，县官手扶犁把，做耕田的架势，礼房书吏用"春鞭"（五彩丝线结成）抽纸牛，一边打，一边还念念有词，道是："一打风调雨顺，二打地肥土暄，三打三阳开泰，四打四季平安，五打五谷丰登，六打六合同春……"也是一种"劝农"仪式，表示春耕的开始。

鞭毕，县官和县吏回衙。百姓将牛犁焚化，事先装在牛肚子中（让人联想起"特洛伊木马"）的柿饼纷纷落地，人们一哄而上抢食，以图吉利。民国之后，"打春牛"的习俗已经消失，但是"打春"一词却仍然作为鲜活、形象的语言保留下来。

旧时，人们通常以咚咚敲响"腊鼓"庆祝新年的到来，这种鼓称之为"太平鼓"。太平鼓一般分为堂鼓、腰鼓和单鼓，堂鼓亦有大、中、小之分。老济南打的太平鼓多为四人打的堂鼓和腰鼓、单鼓。单鼓多铁框，直径尺余，柄部有数个铁环相套，框上单面蒙革，以藤棍击之。舞者左手执鼓，右手握棍，边打边摇，有传统的舞步和队形，演出人数多为十余人至二十几人，且必须是偶数。太平鼓节奏强烈、悦耳动听，离近了一听震人心魄。可惜这一民间技艺如今却几近失传，人们偶尔听到，惊为天籁。

逛庙会也是每年少不了的娱乐活动。庙会原为祭奠寺庙神佛的集会，后来发展成集祭神、游乐、商贸为一体的定期集市。除了重阳节千佛山庙会、暮春三月的药市会以外，小清河沿线各个城乡寺庙都有一些规模较小的庙会。元宵节前后，趵突泉前街药王庙附近举办的庙会颇负盛名，城乡居民携儿带女来此闲逛，热闹非常。逛庙会的人一般先到庙里磕头烧香，求神保佑，随后到戏台前听戏，买些家用器皿或给孩子们买个玩具什么的。高高的古戏台上，元宵节要唱三天大戏，街上店铺鳞次栉比，瓷器、玻璃制品、木刀、绢花、糖葫芦……变戏法的、拉洋片的、耍猴的，应有尽有。

　　由于地处内陆，济南一带春夏常刮强劲的干热风，旱灾时有发生。"春雨贵如油""掐脖子伏旱"之类的俗语充分说明了雨水的匮乏，给农业生产带来严重的灾害。在缺乏科学知识的时代，每遇干旱之年，村民纷纷向龙王祈雨。一些乡绅牵头，商铺和普通民众出资备办供品，隆重一些的仪式还要请地方官吏出面，在龙神庙举行祭拜活动，祈求降雨。首先焚香膜拜，将"龙神"塑像从神台上"请"下来，安放在一座像山轿子的明轿上，八名大汉抬着出游。参加祈雨的人都头戴柳枝扎的柳圈，有衙役鸣锣开道，扛着全副的"执事"，旗幡飘舞，吹吹打打，沿街巡走，直到日午时分，将"龙神"送回庙中，沿途人们摩肩接踵，争相观看。

　　有旱就有涝，六七月经常下雨的时节，假如田地积水，农作物长期泡在水中，根烂绝收，也是让农民非常烦恼的事情。土坯墙搭建的茅草房，年久失修外加漏雨，更是让人忧心忡忡。

　　这时候就有了剪贴"扫云婆"的习俗：用纸剪成七个白脸、花衣服的妇人，用笤帚苗扎成小笤帚，每"人"身上挂一把，贴在影壁墙上，意为将雨云扫净天晴。也有的是剪八个圆头人形，贴在南墙上，写上歌谣："八个和尚上南墙，明早一定见太阳。"还有的人家，让小孩子站在院中香案前，把洗衣服的木棒槌立起来，顶上摆一块砖，口中念念有词："棒槌顶天，立时晴天。"不一而足。

民间有"四十不做寿，做九不做十"的旧俗，皆因忌讳与"四"谐音的"死"字。一般过了五十岁的人过生日才称"做寿"，特别是满"九"之年，如五十九周岁时虚上一岁庆祝"六十大寿"；七十九周岁时虚上一岁庆祝"八十大寿"，"花甲""古稀""耄耋"等年纪的寿辰格外受到重视。老年人做寿时，子女及亲朋好友都要赠送寿糕、寿点、寿面等吉祥物品，为老人祈福。寿点是用面粉做的染红嘴的"寿桃"或"寿星老人"。

六十六岁生日尤其郑重，做女儿的要买一块猪肉为礼品，因为古时肉类匮乏，有"六十六吃块肉"的说法。祝寿时，子女要给老人磕头拜寿，设丰盛的宴席，招待前来祝寿的亲友。酒后用饭之时，必有面条（长寿面），寓意老人长寿。老人生日这天，已婚嫁分居的子女要全家前来祝寿，以示隆重。子女若不来，按照"父母生辰不可忘"的古训，则要谓之"不孝"的。

比寿礼更显隆重的，是婚礼。人生四大喜，曰："久旱逢甘霖，他乡遇故知，洞房花烛夜，金榜题名时。"无论古今中外，婚礼都被认为是人生中的大事。人类的繁衍经过长期演化，逐渐形成了缛繁的婚姻程序，反映了人们对幸福生活、子孙繁盛、创业向上的期望。

古时候，民间的婚姻嫁娶，多是沿袭"父母之命，媒妁之言"的传统习俗。女子出嫁后，必须"从一而终"，丈夫死后不能改嫁，称为"守志""守寡"，这是鲁迅先生一再批评过的。如若改嫁，则要遭受诸多歧视，被称为"二婚头""过门槛儿的"等。男子则不受此约束，除了正妻之外，还可以纳妾，称"二房""三房"。丧妻后亦可再娶，称"续弦""填房"。一般婚姻习俗要经过议婚、定亲、迎娶、上拜、回门、拜亲、祭祖等手续，称之为"大娶"；贫穷人家，婚姻程序则相对简化，很多定亲后只是拜天地、祭祖了事，俗称"小娶"。

山东一带自古受儒家"慎终追远"的思想影响，民间对丧葬礼仪极为重视，丧仪相当烦琐铺张。丧事的隆重与否，成了检验子孙辈孝顺与否的尺度。新中国成立前都是木棺土葬，主要程序有小殓、停灵、报丧、大殓、点主、开吊、发引、摆祭、下葬和下葬后的圆坟、作七、忌日祭等等。丧仪少则五到七日，多的达到半月之久，耗费甚巨。这还不包括大户人家类似于《红楼梦》中提到的"打七七四十九天平安醮"之类。新中国成立前人均寿命相当低，过了五十岁即被视为老人，晚辈开始为其做寿衣、打棺材、修坟穴，准备好后事。老人死后，子女如果梦到老人没有衣服穿或者托梦要衣服，等到最近的上坟节日，还要去送衣服、烧纸钱。

我们如今问个路，遇到年龄比自己大的男子，通常称"大哥"，但过去在小清河流域的大部分地区，"大哥"其实是一种蔑称，"二哥"才是敬重的称谓。特别是老济南人，好客、讲究礼数，假如你尊他一声"二哥"，他就把你视为知己、兄弟，帮忙等事不在话下。

其实这也不奇怪，提到"山东人"，大家立马会想到"山东好汉"，而"山东好汉"里面最出名的，大概就是妇孺皆知的武松武二郎了。古典名著《水浒传》和《金瓶梅》里面，都提到"三碗不过冈"的情节，武松"精拳打死山中虎，从此威名天下扬"的景阳冈，至今尚有遗迹存留。

在这两部小说里，武大和武二形成了鲜明对比。看外表，武松是"身长八尺，相貌堂堂，浑身上下，有千百斤力气"；而其兄武大郎却是"身不满五尺，面貌丑陋，头脑可笑"，浑号"三寸丁谷树皮"。看性格，武松有"景阳冈打虎""醉打蒋门神""智取二龙山""斗杀西门庆"等英雄壮举；而武大郎，则是生性懦弱的"窝囊废"。受此影响，"二哥"成了远比"大哥"受欢迎的称谓。

不过，民俗语言学家谭汝为先生提供了更多的解释，他认为造成此种现象的，主要是两个原因："一是武松文化影响，二是当地拴娃娃的民俗所致。不过我认为，这两个原因，武松文化应是外因，拴娃娃民俗才应是真正的内因。"拴娃娃的原型应是始于唐代的"化生"之俗。唐薛能《三体诗语》引《唐岁时纪事》："七夕，俗以蜡作婴儿形，浮水中以为戏，为妇人宜子之祥，谓之'化生'。本出西域，谓之'摩喉罗'。"旧时，小清河流域民间亦有"拴娃娃"的习俗：妇女婚后无子，通常会到娘娘宫请回一个泥娃娃，称为"娃娃大哥"。这个泥娃娃被视为家里的"首生子"，把它放在碰不着的地方

唐槐亭

或炕头，为它穿上小衣服，夏穿单，冬穿棉，随季节变化换装，每天还要在它面前摆上碗筷饭食，把它当活娃娃看待。即使"拴娃娃"的母亲生了儿子，由于家里已有一个当活人看的"娃娃大哥"，行大，所以即使是"头生子"生下来也一律排行老二。

有趣的是，唐代开国名将秦琼，在与众兄弟结拜之时，排行也是老二："魏徵居长行大，秦琼行二，徐茂功老三，程咬金行四……"秦琼，字叔宝，济南怀仁里人。秦琼年轻时曾在历城县衙门当一名捕快，为人慷慨仗义，在山东人民的心目中，是一位"于千军万马之中，取敌人首级如探囊取物"的英雄，更是一位心甘情愿为朋友"两肋插刀"的好汉。秦琼不但为人仗义，还十分孝顺。千佛山西盘道唐槐亭西侧，有一株形状犹如母亲怀抱婴儿的"母抱子槐"，相传就是秦琼到千佛山寺院为母亲许愿烧香，曾拴马于此树，故而被称作"秦琼拴马槐"。据说唐槐亭曾是秦琼庙的遗址。

凑巧的是，圣人孔子，据说也是排行老二。孔子提倡"仁义""礼乐""德治教化"，特别是"不义而富且贵，于我如浮云"的人生信条，对山东人乃至所有中国人的观念都产生了巨大影响。

小清河流域民风淳朴、风景如画，是宾至如归的好地方。

图书在版编目（CIP）数据

小清河：澄澈秀色运长波 / 董玉文著. — 济南：
济南出版社, 2021.7
（济南故事 / 杨峰主编）
ISBN 978-7-5488-4724-3

Ⅰ.①小… Ⅱ.①董… Ⅲ.①河流－介绍－济南
Ⅳ.①K928.42

中国版本图书馆CIP数据核字（2021）第115353号

小清河：澄澈秀色运长波
XIAOQINGHE:CHENGCHE XIUSE YUNCHANGBO

出 版 人：崔　刚
图书策划：李　岩
责任编辑：董慧慧　李圣红
封面设计：张　金
出版发行：济南出版社
地　　址：济南市市中区二环南路1号　250002
邮　　箱：ozking@qq.com
印 刷 者：三河市同力彩印有限公司
经 销 者：各地新华书店
成品尺寸：170 mm×230 mm　1/16
印　　张：11
字　　数：160千字
印　　数：1—3 000册
出版时间：2021年7月第1版
印刷时间：2024年1月第2次印刷
书　　号：ISBN 978-7-5488-4724-3
定　　价：59.00元